LES MEILLEURES RECETTES

Petits plats

POUR BÉBÉ

—

Céline Scharot

100% TESTÉ

LAROUSSE

SOMMAIRE

INTRODUCTION

De la naissance à 6 mois, votre enfant a été nourri exclusivement de lait sous forme d'un allaitement maternel exclusif, mixte ou sous forme de biberons. Le rythme à peine établi, vous voici dans une nouvelle phase d'évolution pour votre bébé : la diversification alimentaire, qui va conduire votre enfant progressivement vers une alimentation variée.

Mais qu'est ce que la diversification alimentaire ? Quand la débuter ? Par quoi commencer ? Quelle quantité donner ? Quelle fréquence adopter ? Certaines matières grasses sont-elles plus recommandées pour la croissance de bébé ? Vous entendez régulièrement autour de vous que des enfants développent de plus en plus d'allergies, qu'en est-il vraiment ?

Toutes ces questions sont légitimes, d'autant que les avis diffèrent. Certains commencent la diversification très tôt (dès 4 mois) alors que d'autres conseillent d'attendre 6 mois révolus. Il est donc parfois difficile en tant que parent de faire les bons choix.

Voici un ouvrage pour vous guider dans cette étape importante : les recettes vous aideront à stimuler et éveiller le goût de bébé. Cet éveil est indispensable pour lui permettre d'avoir ensuite une alimentation variée qui sera alors plus facile à équilibrer.

Qu'est-ce que la diversification ?

Cette étape-clé de l'alimentation de votre enfant correspond au passage d'une alimentation exclusivement lactée et liquide à une alimentation variée qui va progressivement se rapprocher de celle des adultes. Il n'existe pas une seule façon d'aborder cette phase de diversification : tout dépend de votre enfant et de vos choix.

Quand commencer la diversification ?

La diversification doit être graduelle et ne pas commencer trop tôt. Les recommandations de l'OMS (Organisation mondiale de la santé) sont de débuter cette diversification à 6 mois révolus. Cela sera d'autant plus important si votre enfant est dit « à risque », c'est-à-dire avec une prédisposition aux allergies. Quoi qu'il en soit, la diversification ne doit jamais débuter avant 4 mois révolus, car le tube digestif de l'enfant n'est pas encore complètement mature.

ATTENTION : lorsque l'on parle de nombre de mois, on parle toujours de mois révolus. Ainsi, « 6 mois » signifie le début du 7e mois.

Dans la période de 6 mois à 1 an, la diversification alimentaire se fera en deux étapes : de 6 à 9 mois, puis de 10 à 12 mois. C'est entre son

6e et son 9e mois que votre bébé va se caler progressivement sur un rythme de 4 repas par jour. Vers son 8e ou 9e mois, il aura acquis ce rythme et 2 de ses 4 repas seront diversifiés. Chaque enfant évolue à son rythme, ces étapes sont indicatives et non obligatoires.

Quelques conseils de cuisson

Il existe différentes techniques de cuisson pour vos petits plats ; à vous de trouver celle qui vous convient le mieux :

• La cuisson à l'étouffée dans une casserole couverte pour éviter l'évaporation, dans un peu d'eau bouillante. C'est une cuisson lente et à feu doux, qui convient bien aux légumes qui « rendent » de l'eau.
• La cuisson à l'eau dans une casserole, dans un grand volume d'eau bouillante. Rapide, ce type de cuisson est réservé aux aliments peu fragiles.
• La cuisson à la vapeur dans un cuit-vapeur traditionnel, dans un panier déposé dans une casserole, un robot mixeur ou un cuiseur vapeur. Le temps de cuisson varie en fonction du poids, de la grosseur et de la fraîcheur des aliments. Si vous utilisez une cocotte-minute, une marmite à pression, un autocuiseur ou un « ultracuiseur », la cuisson sera rapide. Elle convient bien aux légumes qui conservent ainsi leurs vitamines et sels minéraux, et aux poissons, dont la chair reste ferme.
La vapeur permet aussi de réchauffer facilement les aliments.
• La cuisson au micro-ondes, car même si cet appareil est surtout utilisé pour décongeler et réchauffer, il peut aussi cuire. La cuisson est très rapide, 2 ou 3 minutes pour une portion. Pensez à vérifier la température avant de donner à manger à votre enfant, car l'aliment est souvent très chaud, alors que l'assiette ne l'est pas.
• La cuisson au four dans un plat en terre ou en Pyrex. Il est important de faire préchauffer le four avant d'introduire le plat à cuire, car cela permet de saisir l'aliment.
• La cuisson en papillote dans du papier sulfurisé. Vous pouvez ainsi cuisiner poisson et viande blanche, légumes et fruits.
• La cuisson à la poêle doit être réalisée dans une poêle sans revêtement anti-adhésif. Les composants du revêtement contiennent des perturbateurs endocriniens qui sont nocifs pour la santé d'un jeune enfant.
Privilégiez les poêles en fonte, Inox ou céramique.

Les astuces pour la conservation

N'hésitez pas à cuisiner en plus grandes quantités et à conserver l'excédent au congélateur ou au réfrigérateur.

• Congélation : laissez bien refroidir l'aliment avant la congélation, étiquetez-le précisément (nature de l'aliment, date de la fabrication). Vous pourrez ainsi conserver 1 mois au maximum les plats contenant de la viande, du poisson ou de la crème, et 3 mois ceux uniquement à base de fruits et de légumes. Ne congelez pas les aliments à base d'œuf.

• Décongélation : placez la préparation dans le bas de votre réfrigérateur, ou utilisez le four à micro-ondes.
Ne décongelez jamais d'aliments à température ambiante en les laissant pendant des heures sur le plan de travail. Les portions réalisées d'avance se conservent 24 heures au réfrigérateur si elles sont à base de viande, de poisson, d'œuf ou de jambon, et 48 heures si elles sont uniquement à base de légumes et de fruits.

ATTENTION : un produit décongelé ne se recongèle pas. Surtout, ne congelez jamais les restes de l'assiette de votre enfant.

La préparation des purées

Les purées de légumes se réalisent rapidement avec un robot mixeur-cuiseur vapeur ou un mini cuit-vapeur. Le volume d'eau nécessaire diffère selon la marque : il faut en moyenne 125 à 150 ml d'eau.
Vous pouvez aussi opter pour une cuisson sous pression. La quantité d'eau nécessaire varie selon l'ustensile : il faut en moyenne de 400 à 600 ml d'eau.

Achetez autant que possible des fruits et légumes bio, en particulier ceux que vous n'épluchez pas (pour éviter l'ingestion de pesticides, identifiés comme pertubateurs endocriniens).

Lors des premières présentations de légumes mixés, n'ajoutez pas de matière grasse. Cela est essentiel pour que votre enfant apprenne à reconnaître le goût de « base » du légume. Peu à peu, vous pourrez ajouter de l'huile en variant les goûts (olive, colza, tournesol...), et de temps en temps, une noisette de beurre ou une pointe de crème fraîche.
Toutes les purées peuvent être consommées à la cuillère ou au biberon, mélangées au lait, en augmentant peu à peu la quantité de légumes et en diminuant celle du lait.

ATTENTION : n'ajoutez pas de sel pendant ou après la cuisson. Si vous goûtez votre préparation et qu'elle vous paraît « fade », sachez qu'elle convient parfaitement aux besoins de votre enfant et qu'il est donc inutile de la saler.

Les allergies alimentaires

Les allergies alimentaires apparaissent habituellement avant l'âge de 4 ans. En effet, avant cet âge, le système digestif ainsi que le système immunitaire ne sont pas encore matures, ce qui rend l'enfant plus sensible aux allergies.

Chez les enfants à haut risque d'allergie, c'est-à-dire lorsque la famille a un terrain très allergique, certaines mesures peuvent limiter le risque d'apparition. Ainsi, l'allaitement maternel est fortement recommandé, ou, sinon, les laits hypoallergéniques. De plus, la diversification doit se faire impérativement

à 6 mois révolus et être menée progressivement. Les aliments nouveaux sont introduits un à un et à plusieurs jours d'intervalle, en évitant ceux qui sont connus pour être de grands allergènes. Si le risque est très élevé, votre pédiatre vous donnera un calendrier d'introduction spécifique.
L'unique solution consiste à bannir la consommation des aliments allergènes.

Quels sont les aliments le plus souvent en cause ?

Tous les aliments sont capables de provoquer une allergie alimentaire chez les individus hypersensibles. Mais certains sont plus souvent à l'origine d'allergies alimentaires, comme le lait de vache, l'œuf, l'arachide, la farine de blé, le poisson, les fruits de mer.
On trouvera aussi des allergies à certains fruits, comme les fraises, les framboises, la pomme golden, ou aux fruits exotiques, aux fruits à coque et les graines variées (soja, sésame, pavot).

Quels sont les symptômes de l'allergie alimentaire ?

Les signes d'allergie apparaissent habituellement dans les minutes suivant l'absorption de l'aliment (et jusqu'à 2 heures après).
Leur nature et leur intensité varient d'une personne à l'autre. Ils peuvent inclure l'un ou l'autre des symptômes suivants, seuls ou en association.

- Symptômes cutanés : des démangeaisons, des éruptions cutanées, des rougeurs, un gonflement des lèvres, du visage et des membres.
- Symptômes respiratoires : une respiration sifflante, une sensation de gonflement de la gorge, une difficulté à respirer, une sensation d'étouffement.
- Symptômes digestifs : des crampes abdominales, de la diarrhée, des coliques, des nausées et des vomissements. (S'il s'agit des seuls symptômes détectés, il est rare que la cause soit une allergie alimentaire.)

Quelle évolution ?

Certaines allergies ont tendance à s'atténuer ou à disparaître avec le temps : les allergies au lait de vache, aux œufs et au soja.
D'autres ont tendance à persister toute la vie : les allergies aux arachides, aux noix, aux poissons, aux fruits de mer et au sésame.

REPÈRES DANS LA DIVERSIFICATION

	1er mois	2e mois	3e mois	4e mois	5e mois	6e mois
Lait	Allaitement maternel OU Lait 1er âge exclusivement				Lait 1er ou 2e âge	
Produits laitiers						Yaourt
Légumes					En purée (texture lisse)	
Fruits					En compote (texture lisse)	
Pommes de terre					En purée	
Farines infantiles					Sans gluten	
Légumes secs						
Pain, produits céréaliers						
Viande, poisson						Mixés
Œuf						
Matières grasses ajoutées						
Boissons	Eau pure : proposer en cas de fièvre ou de forte chaleur					
Sel						
Produits sucrés [3]						

Pas de consommation

Introduction recommandée

Début possible, pas d'obligation

ALIMENTAIRE CHEZ L'ENFANT

7e mois	8e mois	9e mois	10e mois	11e mois	12e mois	2e année	3e année
Allaitement maternel OU Lait 2e âge (environ 500 ml/jour)						Allaitement maternel OU Lait 2e âge ou de croissance	
Yaourt ou fromage blanc ou petit-suisse, ou fromage							
Purée ou petits morceaux[1]						Écrasé, morceaux[1]	
Cuits mixés ou crus écrasés						En morceaux à croquer[1]	
Lisse ou petits morceaux[1]							
Avec gluten							
						15-18 mois en purée[1]	
	Pain, pâtes fines, semoule, riz, quinoa[1]					Tous[1]	
Mixés (10 g/jour, soit 2 c. à café)			Mixés (20 g/jour, soit 4 c. à café)			Morceaux[1] (30 g/jour, soit 6 c. à café)	
1/4 dur			1/3 dur			1/2 dur	
Huile (colza, olive, tournesol… 1 c. à café) ou beurre (5 g, soit 1 noisette par repas)							
Eau pure : c'est la seule boisson indispensable à l'organisme							
						Très peu. Ne pas resaler	
Sans urgence. À limiter							

1. Texture à adapter en fonction de la capacité de mastication et de déglutition et de la tolérance digestive de votre enfant.

2. Pas de charcuterie sauf jambon blanc occasionnellement, éviter les abats.

3. Biscuits, bonbons, crèmes dessert, chocolat, boissons sucrées, confiture, miel…

DE 6 À 9 MOIS

LE DÉBUT DE LA DIVERSIFICATION

Il est important de n'introduire qu'un aliment nouveau à la fois, pour que l'enfant se familiarise avec la texture et le goût et pour éviter le risque d'apparition d'allergies.

Le lait

Il reste à cet âge l'aliment de base : votre enfant doit en consommer au moins 500 ml par jour. Vous pouvez continuer l'allaitement maternel si vous le souhaitez ou passer au lait infantile 2e âge. Le lait permet à l'enfant de se nourrir, mais aussi de s'hydrater. Pensez toutefois à lui faire boire de l'eau, surtout en cas de forte chaleur, de fièvre ou de diarrhée.

Les laitages

Vous pouvez introduire des laitages (yaourts, fromage blanc, petits-suisses) et même du fromage mais en petite quantité car il est très riche en sodium. Il existe des laitages spécialement destinés aux bébés dès 6 mois, moins riches en protéines que les produits laitiers traditionnels et enrichis en acides gras essentiels ainsi qu'en fer. Vous pouvez aussi utiliser des laits 2e âge pour vos préparations maison. Pour les enfants ayant du mal à consommer leur biberon, les produits laitiers spécifiques sont un atout avantageux.

Les légumes

À 6 mois, les légumes ne sont pas indispensables à la croissance de bébé mais il est important de les lui proposer afin de l'habituer et de lui apporter des fibres.
Ils peuvent être donnés en purée en complément de la tétée, ou du biberon de lait 2e âge, ou incorporés à celui-ci. Choisissez de préférence des légumes peu fibreux, ayant une bonne tolérance digestive : haricots verts, carottes, courgettes sans peau ni pépins, épinards, blancs de poireau, potiron… Ils doivent toujours être consommés cuits.
Il n'est pas conseillé de donner des mélanges de légumes pour débuter : testez d'abord chaque légume individuellement, puis faites-en des mélanges. Augmentez progressivement les quantités pour arriver à 20 ou 25 g de purée par repas en 8 jours, à 40 ou 50 g en 15 jours, au bout de 1 mois, à 100 ou 120 g environ.

Les fruits

Proposez-les environ 15 jours après avoir introduit les légumes, et cuits dans un premier temps. Certains sont à privilégier au démarrage de la diversification : la pomme, la poire, la pêche, la banane ou les abricots. Vous pouvez utiliser la pomme comme base pour les compotes car les enfants affectionnent sa texture douce et sa saveur sucrée.

Lorsque vous préparez une compote, mixez au dernier moment, car laisser un fruit épluché favorise la perte de vitamine C. Augmentez petit à petit les quantités pour arriver à 15 ou 20 g de compote par repas en 8 jours, à 30 ou 40 g en 15 jours et, au bout de 1 mois, à environ 80 ou 100 g.

La viande, le poisson et les œufs

Veillez à respecter de très petites doses. En effet, même si votre enfant apprécie la saveur de la viande, son besoin à cet âge reste minime : vous pouvez lui donner un maximum de 10 g de viande ou de poisson mixés, soit 2 cuillerées à café, ou 1/4 de jaune d'œuf dur. Évitez les abats et la charcuterie (sauf le jambon blanc découenné et dégraissé). Commencez par introduire de la viande blanche, puis rouge. Passez ensuite au poisson, au jambon et, en dernier, au jaune d'œuf dur. Le blanc d'œuf étant allergisant, il est conseillé de ne pas le proposer avant 1 an.

Les féculents

Donnez-les d'abord sous forme de pommes de terre cuites à la vapeur, puis mixées et mélangées aux légumes, ou sous forme de farine infantile ajoutée au biberon de lait. Pour ménager les intestins de votre bébé, choisissez des farines 1er âge, instantanées, non lactées et non sucrées, sans gluten, au riz et au maïs. Les féculents se présentent également sous forme de riz, de tapioca, de semoule et de petites pâtes incorporés aux purées de légumes.

Les matières grasses

Pas de précipitation le 1er mois de la diversification ! Vous pouvez ajouter une petite noisette de beurre aux purées de légumes ou, encore mieux, 1 cuillerée à café d'huile (colza, olive, tournesol). En variant les huiles, vous obtiendrez un meilleur équilibre en acides gras essentiels : les huiles de colza, noix, lin, soja sont riches en oméga-3, et celles d'olive, tournesol, maïs, en oméga-6.

PURÉE DE CAROTTES

POUR 2 PORTIONS

Préparation : 10 min
Cuisson : 20 min

2 carottes moyennes
(300 g au total)
5 g d'huile de votre choix
par portion (1 c. à café)

1 Lavez soigneusement les carottes pour éliminer la terre et le sable. Épluchez-les, relavez-les, puis coupez-les en rondelles.

2 Faites cuire 20 min à la vapeur ou 10 à 12 min sous pression. Les légumes sont cuits lorsqu'ils sont tendres au couteau.

3 Mixez finement, ajoutez au besoin un peu d'eau selon la consistance souhaitée. Ajoutez l'huile.

4 Servez tiède.

Vous pouvez utiliser du panais à la place de la carotte, en augmentant légèrement le temps de cuisson à la vapeur de 5 à 7 minutes.

PURÉE DE BLANCS DE POIREAU

1 Lavez les blancs de poireau. Coupez-les en deux dans le sens de la longueur, relavez-les soigneusement pour éliminer la terre et le sable.

2 Émincez-les, puis faites cuire 20 min à la vapeur ou 12 à 13 min sous pression.

3 Mixez finement.

4 Ajoutez l'huile au moment de servir.

Retirez la première couche des blancs de poireau, car elle est plus fibreuse et restera difficile à mixer finement, même après cuisson. Pour bien éliminer la terre et le sable des poireaux, vous pouvez les relaver après les avoir émincés.

POUR 2 PORTIONS

Préparation : 10 min
Cuisson : 20 min

3 blancs de poireau
5 g d'huile de votre choix par portion (1 c. à café)

PURÉE DE FENOUIL

POUR 2 PORTIONS

Préparation : 10 min
Cuisson : 20 min

1 bulbe de fenouil
5 g d'huile d'olive par portion (1 c. à café)

1 Retirez les feuilles extérieures du bulbe (ce sont celles qui renferment les fibres les plus coriaces), éliminez le cœur, puis lavez le fenouil et coupez-le en petits morceaux.

2 Faites cuire 20 min à la vapeur ou 12 min sous pression.

3 Mixez finement, puis ajoutez l'huile au moment de faire déguster.

PURÉE DE HARICOTS VERTS

1 Lavez et équeutez les haricots verts.

2 Faites-les cuire environ 25 min à la vapeur ou 15 min sous pression.

3 Mixez finement. Ajoutez au besoin un peu d'eau selon la texture souhaitée.

4 Ajoutez le beurre au moment de servir.

POUR 2 PORTIONS

Préparation : 10 min
Cuisson : 25 min

2 belles poignées de haricots verts (300 g au total)
5 g de beurre par portion (1 c. à café)

PURÉE DE POTIRON

POUR 1 PORTION

Préparation : 10 min
Cuisson : 20 min

1 petit morceau de potiron (200 g)
5 g de crème fraîche par portion (1/2 c. à café)

1 Épluchez, épépinez et lavez le morceau de potiron. Coupez-le en petits dés, cela diminuera le temps de cuisson.

2 Faites cuire 20 min à la vapeur ou 12 min sous pression. Le potiron est cuit lorsque vous pouvez l'écraser à la fourchette.

3 Mixez-le finement, au besoin ajoutez de l'eau selon la texture souhaitée.

4 Présentez la purée ainsi obtenue dans une petite assiette ou une coupe avec la crème fraîche au milieu. Mélangez avant de faire déguster.

Vous pouvez aussi utiliser du potimarron, qui aura un goût plus prononcé, ou du pâtisson, dont le goût est plus doux.

PURÉE DE COURGETTES

POUR 2 PORTIONS

Préparation : 10 min
Cuisson : 10 à 12 min

2 petites courgettes (400 g au total)
5 g d'huile de votre choix par portion (1 c. à café)

1. Épluchez, puis lavez les courgettes.
2. Coupez-les en morceaux et faites cuire à la vapeur 10 à 12 min ou 7 à 8 min sous pression.
3. Mixez finement.
4. Ajoutez l'huile et servez tiède.

PURÉE D'ÉPINARDS

1 Équeutez les feuilles d'épinard en éliminant au maximum les fibres présentes sur la feuille (nervures). Lavez-les 2 ou 3 fois pour éliminer la terre, le sable et les insectes.

2 Faites cuire 12 à 15 min à la vapeur ou 6 à 8 min sous pression.

3 Mixez finement.

4 Ajoutez la crème fraîche pour apporter un peu de douceur.

Vous pouvez remplacer les feuilles d'épinard par des feuilles de laitue.

POUR 1 PORTION

Préparation : 10 à 15 min
Cuisson : 12 à 15 min

200 g de feuilles d'épinard
5 g de crème fraîche par portion (1/2 c. à café)

CRÈME DE HARICOTS VERTS AU BŒUF

POUR 2 PORTIONS

Préparation : 10 min
Cuisson : 30 min

2 poignées de haricots verts (250 g au total)
10 g de fécule de maïs
120 ml de lait 2e âge
20 g de steak haché maigre
5 g d'huile de votre choix par portion (1 c. à café)

1 Lavez et équeutez les haricots verts. Faites-les cuire environ 25 min à la vapeur.

2 Pendant ce temps, délayez la fécule de maïs dans le lait infantile et faites-la épaissir à feu doux. Après épaississement, faites cuire 3 ou 4 min, puis retirez du feu et réservez.

3 Faites griller le steak haché sans ajouter de matière grasse.

4 Mixez d'abord très finement la viande grillée avant d'ajouter les haricots verts cuits, puis la bouillie de lait. Mixez le tout.

5 Au moment de servir, ajoutez l'huile.

Vous pouvez remplacer les haricots verts par des carottes ou du potiron.

PURÉE D'AUBERGINE AU BŒUF

POUR 2 PORTIONS

Préparation : 10 min
Cuisson : 15 min

1 belle aubergine (300 g)
20 g de steak haché maigre
50 ml de lait 2e âge

1. Épluchez, lavez et coupez l'aubergine en morceaux.
2. Faites cuire 15 min à la vapeur.
3. Pendant ce temps, faites revenir la viande dans une poêle, sans ajout de matière grasse.
4. Mixez le tout avec le lait jusqu'à obtention d'une crème homogène.

Cette recette peut aussi se réaliser avec de la courgette.

PURÉE DE CAROTTE ET PANAIS

POUR 2 PORTIONS

Préparation : 10 min
Cuisson : 20 à 25 min

1/2 panais
1 carotte
1 noisette de beurre par portion (5 g)
1 pointe de couteau de noix de muscade moulue (facultatif)

1. Lavez soigneusement les légumes pour éliminer la terre et le sable. Épluchez-les, lavez-les et coupez-les.

2. Faites cuire 20 à 25 min à la vapeur ou 15 min sous pression.

3. Mixez le tout, ajoutez 1 ou 2 cuillerées à soupe d'eau selon la texture souhaitée. Assaisonnez éventuellement avec la noix de muscade.

4. Faites déguster en ajoutant le beurre.

Vous pourrez facilement faire évoluer la texture des légumes : mixés, écrasés, puis petits morceaux tendres. N'hésitez pas à augmenter le temps de cuisson de 5 minutes pour avoir des morceaux de légumes plus fondants.

PURÉE DE LÉGUMES AU CABILLAUD

POUR 2 PORTIONS

Préparation : 10 min
Cuisson : 20 min

1 carotte
1 courgette
20 g de cabillaud
5 g d'huile de votre choix par portion (1 c. à café)

1 Pelez et lavez la carotte et la courgette, puis coupez-les en petits morceaux.

2 Faites cuire à la vapeur 20 min.

3 Pendant ce temps, parez le cabillaud (enlevez les arêtes éventuelles et la peau). 5 min avant la fin de la cuisson des légumes, ajoutez-le.

4 Mixez séparément les légumes en incorporant, pour chacun, la moitié du poisson.

5 Présentez en séparant les purées et ajoutez l'huile.

Remplacez la carotte par 1 tranche de potiron ou 1 panais. Vous pouvez aussi tout mixer ensemble lors d'un autre repas, la saveur du plat sera différente.

PURÉE DE COURGETTE AU RIZ ET SAUMON

1 Faites chauffer 500 ml d'eau pour la cuisson du riz. À ébullition, jetez-y le riz et faites cuire 15 à 20 min.

2 Pendant ce temps, épluchez et lavez la courgette, puis coupez-la en morceaux. Parez le saumon (enlevez les arêtes éventuelles et la peau).

3 Faites-le cuire avec la courgette 10 à 12 min à la vapeur.

4 Mixez d'abord le saumon cuit, puis ajoutez la courgette et le riz.

5 Ajoutez l'huile au moment de servir.

Pour éliminer correctement les arêtes du saumon, pensez à utiliser une pince à épiler.

POUR 2 PORTIONS

Préparation : 15 min
Cuisson : 15 à 20 min

30 g de riz cru
1 belle courgette (environ 300 g)
20 g de saumon frais
5 g d'huile de votre choix par portion (1 c. à café)

PURÉE DE CAROTTE ET RIZ AU POULET

POUR 2 PORTIONS

Préparation : 10 min
Cuisson : 15 à 20 min

30 g de riz cru
1 belle carotte (environ 200 g)
20 g de blanc de poulet
5 g d'huile de votre choix par portion (1 c. à café)

1 Faites chauffer 500 ml d'eau pour la cuisson du riz. À ébullition, jetez-y le riz et faites cuire 15 à 20 min.

2 Pendant ce temps, épluchez et lavez la carotte, puis coupez-la en rondelles.

3 Faites cuire la carotte et le poulet 20 min à la vapeur.

4 Mixez d'abord le poulet cuit, puis ajoutez la carotte et le riz.

5 Ajoutez l'huile avant de servir.

PURÉE MÉRIDIONALE À L'AGNEAU

POUR 2 PORTIONS

Préparation : 15 min
Cuisson : 15 min

1 courgette
1 aubergine
1 ou 2 feuilles de basilic
20 g de tapioca cru
20 g d'épaule d'agneau
5 g d'huile de votre choix par portion (1 c. à café)

1 Épluchez, lavez, épépinez, puis coupez les légumes.

2 Faites-les cuire avec le basilic pendant 15 min à la vapeur.

3 Pendant ce temps, faites chauffer 180 ml d'eau. À ébullition, baissez le feu et versez le tapioca en pluie fine tout en remuant. Faites cuire 4 à 7 min selon ce qui est indiqué sur le paquet.

4 Faites griller le morceau d'agneau sans ajout de matière grasse.

5 Mixez d'abord très finement la viande cuite, ajoutez ensuite les légumes et le tapioca. Au besoin, ajoutez un peu d'eau selon la texture souhaitée.

6 Ajoutez l'huile au moment de servir.

Dans un premier temps, vous pouvez retirer les feuilles de basilic, elles auront donné un goût subtil aux légumes. Ensuite, vous pourrez les mixer avec les légumes si vous souhaitez avoir un goût de basilic plus présent.

PURÉE DE HARICOTS, TAPIOCA ET VEAU

POUR 2 PORTIONS

Préparation : 10 min
Cuisson : 25 min

2 belles poignées de haricots verts (300 g au total)
20 g de tapioca cru
20 g d'escalope de veau
5 g d'huile de votre choix par portion (1 c. à café)

1 Lavez et équeutez les haricots verts.

2 Faites cuire 25 min à la vapeur ou 15 min sous pression.

3 Pendant ce temps, faites chauffer 180 ml d'eau. À ébullition, baissez le feu et versez en pluie fine le tapioca en remuant avec une cuillère. Faites cuire 4 à 7 min selon ce qui est indiqué sur le paquet.

4 Faites griller le veau sans ajout de matière grasse.

5 Mixez d'abord très finement le veau cuit, puis ajoutez les haricots verts et le tapioca. Mixez le tout de nouveau, ajoutez au besoin un peu d'eau selon la texture souhaitée.

6 Au moment de servir, ajoutez l'huile.

Pour gagner du temps, vous pouvez utiliser de la purée de haricots verts surgelés en galets. Mais évitez les haricots verts en conserve, ils sont beaucoup trop riches en sel.

PURÉE DE PÂTISSON AU LAPIN

POUR 2 PORTIONS

Préparation : 15 min
Cuisson : 20 min

1 petit morceau de pâtisson (environ 200 g)
3 ou 4 vitelottes (200 g au total)
20 g de chair de lapin
30 ml de lait 2e âge
5 g d'huile de votre choix par portion (1 c. à café)

1. Épluchez, épépinez et lavez le morceau de pâtisson. Lavez et épluchez les vitelottes. Coupez les légumes en petits dés.
2. Faites-les cuire avec le lapin pendant 20 min à la vapeur.
3. Mixez d'abord la viande avant d'ajouter les légumes et le lait infantile. Mixez le tout.
4. Au moment de servir, ajoutez l'huile.

PURÉE DE POMMES DE TERRE AU CANARD

1 Lavez, épluchez et coupez les pommes de terre en morceaux.

2 Faites cuire 20 min à la vapeur ou 15 min sous pression.

3 Pendant ce temps, faites griller le filet de canard sans ajout de matière grasse.

4 Mixez la viande cuite. Écrasez ou mixez les pommes de terre, ajoutez-y le lait, la viande mixée et éventuellement la noix de muscade.

5 Ajoutez l'huile au moment de faire déguster.

Pour varier, utilisez 2 ou 3 patates douces (350 à 400 g au total) à la place des pommes de terre.

POUR 2 PORTIONS

Préparation : 15 min
Cuisson : 20 min

3 ou 4 pommes de terre (350 à 400 g au total)
20 g de filet de canard
40 à 50 ml de lait 2e âge
5 g d'huile de votre choix par portion (1 c. à café)
1 pointe de couteau de noix de muscade moulue (facultatif)

PURÉE D'ÉPINARDS ET POMMES DE TERRE

POUR 2 PORTIONS

Préparation : 10 à 15 min
Cuisson : 20 min

100 à 150 g de feuilles d'épinard (1 ou 2 poignées)
1 ou 2 pommes de terre selon la grosseur
5 g de crème fraîche par portion (1 c. à café)
1 pointe de couteau de noix de muscade moulue (facultatif)

1 Équeutez les feuilles d'épinard en supprimant un maximum de fibres présentes sur la feuille (nervures). Lavez-les 2 ou 3 fois pour éliminer la terre, le sable et les insectes. Lavez les pommes de terre. Épluchez-les, lavez-les et coupez-les en petits morceaux.

2 Faites cuire les légumes 20 min à la vapeur ou 15 min sous pression.

3 Mixez finement en y ajoutant éventuellement la noix de muscade.

4 Au moment de servir, ajoutez la crème fraîche.

Vous pouvez aussi remplacer les feuilles d'épinard par 150 g de feuilles de laitue.

PURÉE DE POIREAUX AU FLÉTAN

POUR 2 PORTIONS

Préparation : 20 min
Cuisson : 20 min

2 pommes de terre moyennes (250 à 300 g au total)
2 blancs de poireau
20 g de flétan
5 g d'huile de votre choix par portion (1 c. à café)

1 Lavez les légumes pour éliminer la terre et le sable, épluchez les pommes de terre, coupez-les en dés et émincez les poireaux.

2 Faites cuire les légumes 20 min à la vapeur ou 12 à 13 min sous pression. 5 min avant la fin de la cuisson, ajoutez le flétan.

3 Mixez finement le tout, au besoin ajoutez de l'eau selon la texture souhaitée.

4 Au moment de servir, ajoutez l'huile.

Vous pouvez remplacer les poireaux par des épinards et l'huile par 1 cuillerée à café de crème fraîche.

PURÉE DE BETTERAVE AU JAMBON

1 Lavez la betterave et les pommes de terre pour éliminer la terre et le sable, épluchez-les et relavez-les pour éliminer toute salissure. Coupez-les en petits dés pour diminuer le temps de cuisson.

2 Mixez le jambon et réservez au frais.

3 Faites cuire les légumes 30 à 35 min à la vapeur ou 20 min sous pression. Les légumes sont cuits quand la pointe du couteau y pénètre aisément.

4 Mixez finement, au besoin ajoutez de l'eau selon la texture souhaitée. Ajoutez le jambon mouliné, éventuellement la noix de muscade et remixez le tout.

5 Au moment de servir, ajoutez la crème fraîche.

Vous pouvez remplacer la betterave par 1 carotte ou 1 panais.

POUR 2 PORTIONS

Préparation : 15 min
Cuisson : 30 à 35 min

1/2 betterave (environ 200 g)
2 pommes de terre moyennes (250 à 300 g au total)
20 g de jambon dégraissé et découenné
5 g de crème fraîche par portion (1 c. à café)
1 pointe de couteau de noix de muscade moulue (facultatif)

PURÉE DE POTIRON ET POMMES DE TERRE

POUR 2 PORTIONS

Préparation : 10 min
Cuisson : 20 à 25 min

1 morceau de potiron (200g)
1 ou 2 pommes de terre selon la grosseur
30 à 50 ml de lait 2e âge
1 pointe de couteau de noix de muscade moulue (facultatif)

1 Épluchez et lavez les légumes, épépinez le potiron, puis coupez le tout en petits morceaux.

2 Faites cuire 20 à 25 min à la vapeur ou 15 min sous pression.

3 Mixez les légumes ensemble, puis ajoutez le lait infantile selon la texture souhaitée.

4 Ajoutez éventuellement la noix de muscade.

Vous pouvez remplacer le potiron par 1 carotte ou 1 panais et la noix de muscade par du curry doux.

SOUPE DE POTIRON COMPLÈTE

1 Lavez et épluchez le potiron, puis enlevez les pépins et coupez-le en dés.

2 Faites cuire 20 min à la vapeur ou 12 à 14 min sous pression.

3 Mixez le potiron cuit, ajoutez le jaune d'œuf dur ainsi que le lait infantile.

4 Mixez de nouveau et servez tiède au biberon ou dans une assiette.

POUR 1 PORTION

Préparation : 15 min
Cuisson : 20 min

1 morceau de potiron (200 g non paré)
1/4 de jaune d'œuf dur
250 ml de lait 2e âge

COMPOTE DE POMMES

POUR 2 PORTIONS

Préparation : 10 min
Cuisson : 15 min

2 pommes moyennes
(350 g au total)

1. Lavez les pommes, pelez-les et coupez-les en quatre. Éliminez soigneusement les cœurs de façon à enlever toutes les parties dures. Découpez les quartiers de pomme en petits cubes.
2. Faites cuire 15 min à la vapeur.
3. Mixez finement et servez tiède ou froid.

À la place des pommes, vous pouvez utiliser des poires.

COMPOTE DE PRUNES

POUR 2 PORTIONS

Préparation : 10 min
Cuisson : 15 min

10 à 12 prunes selon la grosseur (300 à 350 g au total)

1. Lavez les prunes, coupez-les en deux et éliminez les noyaux.
2. Faites cuire 15 min à la vapeur.
3. Mixez finement et servez tiède ou froid.

Vous pouvez utiliser toutes sortes de prunes, des noires, rouges, jaunes ou mauves. La reine-claude, la mirabelle, la quetsche sont des variétés de prunes.

COMPOTE POMME, BANANE ET COING

1 Lavez et épluchez les fruits, puis éliminez les cœurs. Coupez-les en morceaux, puis versez le jus de citron dessus.

2 Faites cuire environ 25 min à la vapeur. Vérifiez la cuisson des fruits, surtout celle du coing, avec la pointe d'un couteau. Au besoin, prolongez la cuisson de 5 min.

3 Mixez ensemble les fruits cuits.

4 Servez tiède ou froid.

Cette préparation se congèle très facilement dans des petits pots individuels.

POUR 4 PORTIONS

Préparation : 15 min
Cuisson : environ 25 min

1 banane
1 pomme
1 coing
2 c. à café de jus de citron

COMPOTE BANANE ET ABRICOTS

POUR 2 PORTIONS

Préparation : 10 min
Cuisson : 15 min

1 banane
1 c. à café de jus de citron
3 ou 4 abricots selon la grosseur
1/4 de bâton de vanille

1 Lavez, épluchez et coupez la banane en rondelles. Versez le jus de citron dessus. Lavez les abricots, ouvrez-les en deux et éliminez les noyaux.

2 Faites cuire les fruits 15 min à la vapeur avec la vanille.

3 Grattez les grains de vanille de la gousse, déposez-les sur les fruits cuits, puis mixez le tout.

4 Servez tiède ou froid.

Laver la banane avant de l'éplucher permet de limiter toute contamination éventuelle avec un produit chimique déposé dessus ou toute autre salissure.

TAPIOCA AU LAIT À LA BANANE

POUR 2 PORTIONS

Préparation : 10 min
Cuisson : 15 min

1 banane
1 c. à café de jus de citron
200 ml de lait 2e âge
20 g de tapioca

1 Lavez, épluchez et coupez la banane en rondelles. Versez le jus de citron dessus.

2 Faites cuire 15 min à la vapeur.

3 Pendant ce temps, faites chauffer le lait et versez-y le tapioca en pluie tout en remuant. Faites cuire à feu doux 4 à 7 min selon ce qui est indiqué sur le paquet.

4 Mixez la banane cuite et ajoutez-y le tapioca.

5 Servez tiède ou froid.

BANANE AU FROMAGE BLANC

1 Lavez, épluchez et coupez la banane en rondelles. Versez le jus de citron dessus.

2 Faites cuire 12 à 15 min à la vapeur.

3 Mixez finement, puis ajoutez le fromage blanc et éventuellement la cannelle.

4 Servez tiède ou froid.

POUR 2 PORTIONS

Préparation : 10 min
Cuisson : 12 à 15 min

1 banane
1 c. à café de jus de citron
100 g de fromage blanc
1 pointe de couteau de cannelle en poudre (facultatif)

DE 9 À 12 MOIS

DE NOUVEAUX ALIMENTS

La diversification se met en place. Votre bébé ne prend plus que 4 repas par jour, dont 2 diversifiés. Il a déjà découvert une multitude de goûts et de saveurs, à vous de lui permettre de poursuivre cet éveil des papilles en introduisant aromates et herbes à vos préparations.
La texture liquide, mixée, hachée ou en morceaux est à adapter à son désir et à sa maturité.

Votre enfant refuse un aliment ?
N'insistez pas, proposez-le-lui de nouveau quelques jours plus tard. Votre enfant est curieux et souhaite manger ce qui est dans votre assiette. Rappelez-vous qu'il n'a pas les mêmes besoins que vous, même si cela peut lui plaire au goût, votre assiette n'est pas adaptée à ses besoins.

Le lait

C'est toujours l'aliment principal, votre enfant doit en consommer au moins 500 ml par jour. Vous pouvez continuer l'allaitement maternel si vous le souhaitez ou passer au lait 2ᵉ âge.

Les produits laitiers

Pour compléter l'apport en calcium de l'alimentation de votre enfant, vous pouvez introduire 1 ou 2 produits laitiers. Choisissez des produits laitiers destinés aux enfants en bas âge, ils seront plus adaptés (moins riches en protéines et enrichis en fer).

Les légumes

Ils constituent la base d'au moins un repas et peuvent aussi être consommés crus et mixés.
Vous pouvez les mélanger pour faire découvrir en douceur de nouvelles saveurs à votre enfant. Pour améliorer son transit, apprenez à moduler les quantités de fibres données à chaque repas.

Les fruits

Votre enfant les a appréciés cuits, vous pouvez maintenant les proposer crus et mixés.

La viande, le poisson et les œufs

Veillez à respecter des doses minimes : vous pouvez donner un maximum de 20 g par jour de viande ou de poisson mixé (soit 4 cuillerées à café), ou 1/2 jaune d'œuf dur. Ne lui proposez toujours pas d'abats ni de charcuterie (sauf le jambon blanc, mais toujours modérément).

Les féculents

Pâtes, riz, semoule, pommes de terre, quinoa, sarrasin... Variez les textures selon vos envies et les goûts de votre bébé. Vous pouvez aussi lui donner un petit croûton de pain ou un biscuit infantile.

Les matières grasses

Ajoutez 1 cuillerée à café d'huile de votre choix ou 1 petite noisette de beurre aux plats que vous préparez. Surtout pas de friture, les matières grasses sont plus digestes consommées crues ! De plus, la chaleur, lors de la cuisson, entraîne une dégradation des oméga-3 et des oméga-6.

PURÉE DE POTIRON, POIREAU ET PINTADE

POUR 2 PORTIONS

Préparation : 15 min
Cuisson : 20 min

1 petite pomme de terre
1 petite tranche de potiron
1/2 blanc de poireau
40 g de pintade
5 g d'huile de votre choix par portion (1 c. à café)
1 pointe de couteau de noix de muscade moulue (facultatif)

1 Lavez les légumes, épluchez la pomme de terre et le potiron, puis coupez-les en dés. Émincez le poireau.

2 Faites cuire les légumes 20 min à la vapeur ou 13 à 15 min sous pression.

3 Faites griller le morceau de pintade sans ajouter de matière grasse.

4 Mixez-le finement.

5 En fin de cuisson, mixez ensemble les légumes en ajoutant éventuellement la noix de muscade, puis la viande mixée.

6 Ajoutez l'huile au moment de servir.

Vous pouvez aussi répartir la viande mixée sur la purée plutôt que de l'incorporer dans celle-ci. Si votre enfant préfère les petits morceaux, coupez finement les légumes avant leur cuisson et la viande après sa cuisson.

PURÉE DE BROCOLI AU SAUMON

1 Lavez, épluchez et coupez les pommes de terre en petits cubes. Lavez les bouquets de brocoli et coupez-les en morceaux. Lavez le persil.

2 Éliminez les arêtes et la peau du saumon.

3 Faites cuire les légumes et le persil 20 min à la vapeur ou 30 min à l'étouffée, en ajoutant le saumon 10 min avant la fin de la cuisson.

4 Mixez le tout et ajoutez la crème fraîche au moment de servir.

Plus vous couperez les pommes de terre et le brocoli en petits morceaux, plus le temps de cuisson sera réduit.

POUR 2 PORTIONS

Préparation : 10 min
Cuisson : 20 min

2 petites pommes de terre (150 g au total)
5 ou 6 petits bouquets de brocoli (150 g au total)
2 ou 3 feuilles de persil
40 g de saumon frais
5 g de crème fraîche par portion (1 c. à café)

PURÉE DE FENOUIL, CAROTTE ET DINDE

POUR 2 PORTIONS

Préparation : 15 min
Cuisson : 20 min

1/2 bulbe de fenouil
1 petite carotte
1 pomme de terre moyenne
40 g de blanc de dinde
5 g d'huile de votre choix par portion (1 c. à café)
1 pointe de couteau de noix de muscade moulue (facultatif)

1 Retirez les feuilles extérieures du bulbe (ce sont celles qui renferment les fibres les plus coriaces), éliminez le cœur, lavez, puis coupez le fenouil en petits morceaux. Lavez, épluchez et coupez la carotte et la pomme de terre.

2 Faites cuire 20 min à la vapeur ou 25 à 30 min à l'étouffée.

3 Pendant ce temps, faites revenir le blanc de dinde sans ajout de matière grasse. Une fois cuite, la viande pourra être finement mixée ou coupée en très petits morceaux.

4 Mixez les légumes et ajoutez éventuellement la noix de muscade.

5 Pour servir, vous pouvez répartir la viande mixée ou coupée sur la purée, ou mélanger le tout.
Au moment de faire déguster, ajoutez l'huile.

À la place du fenouil, vous pouvez utiliser du poireau ou des haricots verts. La dinde peut être remplacée par du poulet ou du veau.

GRATIN DE FENOUIL

POUR 2 PORTIONS

Préparation : 20 min
Cuisson : 25 min

1 bulbe de fenouil
2 c. à café de fécule de maïs
200 ml de lait 2e âge
10 g de gruyère râpé

1 Retirez les feuilles extérieures du bulbe (ce sont celles qui renferment les fibres les plus coriaces), éliminez le cœur, puis lavez et coupez le fenouil en petits morceaux.

2 Faites cuire 20 min à la vapeur ou 12 min sous pression.

3 Pendant ce temps, délayez à froid la fécule de maïs dans le lait infantile et faites épaissir à feu doux en remuant. Après épaississement, continuez la cuisson pendant 2 min, puis ajoutez le gruyère.

4 Mixez le fenouil cuit ou laissez-le en petits morceaux, ajoutez la bouillie et mélangez le tout. Versez la préparation dans deux petits plats à gratin.

5 Passez sous le gril du four pendant 5 min.

6 Laissez tiédir avant de proposer le gratin à votre enfant.

À la place du fenouil, vous pouvez utiliser quelques bouquets de brocoli, des épinards ou de la courgette.

BAR AU FENOUIL EN PAPILLOTE

1 Retirez les feuilles extérieures du bulbe (ce sont celles qui renferment les fibres les plus coriaces), éliminez le cœur, puis lavez et coupez le fenouil en petits morceaux pour réduire le temps de cuisson.

2 Préchauffez le four à 200 °C.

3 Parez votre poisson (enlevez les arêtes éventuelles et la peau).

4 Répartissez les morceaux de fenouil et le bar sur 2 feuilles de papier sulfurisé et ajoutez-y le jus de citron.

5 Enfournez pour 20 à 25 min.

6 Laissez tiédir, puis ajoutez l'huile au moment de faire déguster.

Selon la texture souhaitée, vous pouvez écraser à la fourchette le fenouil et le bar, ou les mixer. À la place du fenouil, vous pouvez utiliser de la courgette, de l'aubergine, de la carotte crue que vous râperez.

POUR 2 PORTIONS

Préparation : 15 min
Cuisson : 20 à 25 min

1 bulbe de fenouil
40 g de bar
2 c. à café de jus de citron
5 g d'huile de votre choix par portion (1 c. à café)

POTAGE EN JULIENNE ET PETITES PÂTES

POUR 2 PORTIONS

Préparation : 15 min
Cuisson : 25 min

1 blanc de poireau
1 belle carotte
1 branche de thym
1 feuille de laurier
30 g de pâtes « alphabet »
1 pointe de couteau de noix de muscade moulue (facultatif)

1 Lavez et épluchez les légumes. Coupez finement le blanc de poireau, puis râpez la carotte.

2 Versez le tout dans une casserole, recouvrez d'eau, ajoutez le thym et le laurier, et faites cuire 20 min après ébullition.

3 Retirez le thym et le laurier, puis ajoutez les pâtes et faites cuire encore 5 min.

4 En fin de cuisson, ajoutez éventuellement la noix de muscade.

À la place des pâtes, vous pouvez utiliser de la semoule ou du tapioca. Vous pouvez aussi mixer les légumes avant l'introduction des pâtes.

SOUPE FROIDE AU CONCOMBRE

1 Lavez, épluchez, puis épépinez le concombre.

2 Mixez-le avec le jus de citron dans un mini mixeur ou blender.

3 Ajoutez le fromage blanc et éventuellement la noix de muscade, puis mixez de nouveau.

4 Délayez au besoin avec 4 à 6 cuillerées à soupe d'eau selon la texture souhaitée.

Attention, cette soupe ne peut pas être congelée, elle est à consommer dans les 24 heures.

POUR 2 PORTIONS

Préparation : 10 min

1 petit morceau de concombre (10 cm)
2 c. à café de jus de citron
2 c. à soupe de fromage blanc
1 pointe de couteau de noix de muscade moulue (facultatif)

EXPRESS

VELOUTÉ DE COURGETTE

POUR 2 PORTIONS

Préparation : 10 min
Cuisson : 10 à 15 min

1 belle courgette
1 petite gousse d'ail
1 petit-suisse (60 g)
1 pointe de couteau de noix de muscade moulue (facultatif)

1. Lavez la courgette et coupez-la en morceaux. Épluchez l'ail.
2. Dans une petite casserole, faites-la cuire à couvert avec l'ail et 300 à 350 ml d'eau pendant 10 à 15 min.
3. Mixez le tout avec le petit-suisse.
4. Ajoutez éventuellement la noix de muscade au moment de servir.

Vous pouvez utiliser du fromage Kiri® à la place du petit-suisse, il contient davantage de calcium mais aussi de sodium.

VELOUTÉ D'ENDIVE

1 Lavez les légumes, épluchez et coupez la pomme de terre, puis émincez l'endive.

2 Déposez-les dans une casserole, versez 300 à 350 ml d'eau et ajoutez le thym. Portez à ébullition et faites cuire 25 min à couvert.

3 Avant de mixer, retirez le thym.

4 Au moment de servir, ajoutez le fromage blanc.

Vous pouvez remplacer la pomme de terre par 1 patate douce, cela masquera davantage l'amertume de l'endive.

POUR 2 PORTIONS

Préparation : 10 min
Cuisson : 25 min

1 pomme de terre
1 endive
1 petite branche de thym
1 c. à soupe de fromage blanc par portion

POTAGE DE PETITS POIS ET MENTHE

POUR 2 PORTIONS

Préparation : 15 min
Cuisson : 25 min

500 g de petits pois à écosser (ou environ 200 g surgelés)
2 feuilles de laitue
1 petit oignon blanc
4 feuilles de menthe (ou brins de persil ou de ciboulette)
1 c. à café de crème fraîche par portion (5 g)
1 pointe de couteau de noix de muscade moulue (faculatif)

1 Écossez les petits pois, puis lavez-les. Lavez et hachez grossièrement les feuilles de laitue et l'oignon blanc. Lavez les feuilles de menthe.

2 Dans une casserole, déposez les légumes et les aromates, et ajoutez 500 ml d'eau. À ébullition, baissez le feu et faites cuire 25 min.

3 Enlevez les feuilles de menthe avant de mixer le tout.

4 Au moment de servir, ajoutez la crème fraîche et éventuellement la noix de muscade.

CRÈME À LA VANILLE

POUR 2 PORTIONS

Préparation : 5 min
Repos : 2 ou 3 heures
Cuisson : 5 min

3 c. à café rases de fécule de maïs
200 ml de lait 2e âge
1 pointe de couteau de vanille en poudre
2 ou 3 c. à café rases de sucre (10 à 15 g)

1 Délayez la fécule de maïs dans 50 ml de lait infantile.

2 Faites chauffer le reste du lait avec la vanille en poudre. Lorsque le lait est chaud, versez le mélange fécule de maïs et lait, puis faites épaissir. Prolongez la cuisson 2 ou 3 min après épaississement.

3 Ajoutez ensuite le sucre et versez dans deux ramequins. Couvrez.

4 Réfrigérez 2 ou 3 heures jusqu'à ce que le mélange soit ferme.

Attention, délayez toujours la fécule de maïs dans un liquide froid avant de la verser dans un liquide chaud, vous éviterez ainsi la formation de grumeaux.

SEMOULE AU LAIT

1 Faites chauffer le lait. Lorsqu'il est chaud, versez la semoule en pluie, baissez le feu et faites cuire 3 ou 4 min sans cesser de remuer.

2 Ajoutez le sucre hors du feu et versez dans deux ramequins.

3 Laissez tiédir avant de faire déguster.

Vous pouvez remplacer la semoule par du tapioca.

POUR 2 PORTIONS

Préparation : 5 min
Cuisson : 10 min

200 ml de lait 2e âge
20 g de semoule fine
15 g de sucre

EXPRESS

MIXÉ DE MELON

POUR 1 PORTION

Préparation : 10 min

1 tranche de melon
(1/8 de melon, soit environ 150 g)

1 Lavez le melon avant de prélever la tranche. Épluchez et épépinez-la. Coupez-la en 5 ou 6 morceaux, puis mixez-la.

2 Servez le melon tel quel.

Ce dessert peut aussi être réalisé avec 1 morceau de pastèque.

EXPRESS

CERISES AU LAIT VANILLÉ

1 Lavez et dénoyautez les cerises, puis mixez-les.

2 Faites chauffer le lait. Une fois tiède, délayez-y la farine infantile, puis ajoutez les cerises mixées.

3 Faites déguster.

En automne, vous pouvez réaliser ce dessert avec des prunes ou des mirabelles.

POUR 1 PORTION

Préparation : 10 min
Cuisson : 2 ou 3 min

1 poignée de cerises bien mûres
120 ml de lait 2e âge
12 g de farine infantile instantanée à la vanille

EXPRESS

SMOOTHIE PÊCHE ET ABRICOTS

POUR 1 PORTION

Préparation : 10 min

1/2 pêche
2 petits abricots
3 c. à soupe de jus d'orange

1 Lavez les fruits et enlevez la peau de la pêche. Coupez-les en deux et éliminez les noyaux.

2 Mixez-les avec le jus d'orange.

3 Servez aussitôt.

Ce dessert peut se consommer au biberon, à la cuillère ou au verre, selon les préférences de votre enfant.

EXPRESS

MILK-SHAKE À LA BANANE

POUR 1 PORTION

Préparation : 10 min

1/2 banane bien mûre
1 c. à café de jus de citron
120 ml de lait 2e âge

1 Lavez, épluchez et coupez la banane en rondelles.

2 Mixez-la avec le jus de citron et le lait infantile.

3 Servez aussitôt.

EXPRESS

MILK-SHAKE POIRE ET ABRICOT

POUR 1 PORTION

Préparation : 10 min

120 ml de lait infantile
1 à 2 abricots selon la grosseur
1 c. à café de jus de citron
1/2 poire bien mûre

1 Lavez les fruits. Épluchez la poire.

2 Mixez les fruits avec le jus de citron, ajoutez le lait.

3 Mixez l'ensemble et servez de suite.

EXPRESS

POMME ET POIRE BISCUITÉES

POUR 2 PORTIONS

Préparation : 10 min
Cuisson : 15 min

1 pomme
1 poire
2 biscuits infantiles

1. Lavez et pelez les fruits, puis coupez-les en quatre et éliminez les cœurs. Recoupez-les en cubes.
2. Faites cuire 15 min à la vapeur.
3. Mixez-les finement avec les biscuits infantiles.
4. Servez tiède ou froid.

Si votre enfant a une préférence pour un fruit ou pour un autre, vous pouvez réaliser cette recette sans faire de mélange de fruits.
Vous pouvez aussi remplacer la poire par de la pêche ou des abricots.

BOUILLIE À LA VANILLE ET AUX ABRICOTS

1 Lavez les abricots, ouvrez-les en deux et éliminez les noyaux.

2 Faites cuire 15 min à la vapeur.

3 Pendant ce temps, faites chauffer le lait. Une fois tiède, délayez-y la farine infantile.

4 Lorsque les abricots sont cuits, mixez-les et ajoutez la compote à la bouillie vanillée.

5 Laissez légèrement tiédir avant de faire déguster.

À la place des abricots, vous pouvez utiliser de la pêche ou de la pomme.

POUR 1 PORTION

Préparation : 10 min
Cuisson : 15 min

3 ou 4 abricots selon la grosseur
120 ml de lait 2e âge
12 g de farine infantile instantanée à la vanille

DE 12 À 18 MOIS

LES DÉBUTS DE LA MASTICATION

À partir de 1 an, votre enfant peut mastiquer selon le développement de sa dentition. Sa capacité digestive a évolué. Il peut consommer tous les aliments mais, à cet âge, il a tendance à s'opposer pour s'affirmer. Respectez ses goûts et ne le forcez pas, mais n'hésitez pas non plus à proposer l'aliment refusé sous une autre forme.
La journée de votre enfant doit être ponctuée par ses 4 repas pris à heures fixes.

Le lait

Jusqu'à 3 ans, votre enfant garde une alimentation très lactée. Si vous allaitez, vous pouvez continuer l'allaitement à la demande. Sinon, donnez-lui du lait infantile, à raison de 500 ml par jour, soit 2 biberons, avec un maximum de 800 ml par jour pour ne pas apporter trop de protéines.
Attention, ne remplacez surtout pas le lait infantile par du lait de vache. Ce dernier n'est en effet pas recommandé à cet âge : il contient trop de protéines, comparé au lait maternel et au lait infantile. Par ailleurs, il est moins riche en fer et en acides gras essentiels que le lait infantile.
Toutefois, l'introduction du lait de vache dans des purées ou en petites quantités dans les préparations est possible.
L'apport lacté sera complété par des laitages et du fromage (avec modération).

Les légumes et les fruits

En consommer 3 à 5 portions par jour est une excellente habitude. En purées, en morceaux tendres cuits ou même crus, en gratins, en soufflés…
L'éventail des légumes et des fruits s'élargit : chou-fleur, avocat, tomate, artichaut, poivron… pour les légumes ; fraises, framboises, kiwi, myrtilles… pour les fruits.

La viande, le poisson et les œufs

La ration quotidienne de protéines augmente, mais légèrement : au maximum, 25 à 30 g par jour (soit 5 ou 6 cuillerées à café), ou 1/2 œuf dur. Attention, toujours pas d'abats ni de charcuterie. Les crustacés restent déconseillés jusqu'à 3 ans.

Les féculents

Idéalement, ils vont accompagner chaque repas, cela afin de donner à votre enfant une sensation de satiété lui permettant de tenir d'un repas à un autre. Céréales infantiles, pain, riz, pommes de terre, semoule, petites pâtes, quinoa, tapioca, biscuits infantiles…
La digestion de l'amidon se fait dans l'intestin sous l'action d'enzymes (amylases) qui n'atteignent les taux de l'adulte que vers

12-18 mois. Cela explique qu'il est obligatoire de traiter les farines ou de les faire cuire pour les rendre assimilables par le jeune enfant. Les céréales infantiles sont plus digestes pour votre enfant, car ces produits subissent une précuisson (farines « précuites ») ou une cuisson totale (farines « instantanées » ou « cuites »).

Les matières grasses

Préférez toujours les huiles pour offrir un apport en matière grasse végétale, 5 g d'huile par portion (soit 1 cuillerée à café), ou la même quantité de beurre ou de crème fraîche. Toujours pas de friture.

Les sucres et produits sucrés

Ils sont à limiter le plus possible car ils ne sont pas indispensables à la croissance de votre enfant. De plus, ils risquent de l'habituer très vite au goût sucré.

La boisson

Optez pour de l'eau faiblement minéralisée, au robinet (si votre mairie confirme qu'elle est peu nitratée, et donc consommable par les enfants en bas âge) ou en bouteille.
Les jus de fruits ne sont pas indispensables. Vous pouvez éventuellement proposer à votre enfant des jus 100 % fruits sans ajout de sucre. Ne lui proposez pas de sirops, de sodas, de tisanes ou de boissons aux extraits de plantes sans avis médical.

En quelle quantité ?

Qui mieux que l'enfant sait ce dont il a besoin ? Ne le forcez pas à terminer les portions que vous avez prévues. S'il ne semble jamais rassasié, veillez à ce que sa consommation de viande, poisson et œuf corresponde bien aux quantités recommandées pour son âge. Vous pouvez augmenter les quantités de légumes et/ou de fruits des repas, mais veillez à ne rien lui donner en dehors des 4 repas (petit déjeuner, déjeuner, goûter, dîner). Si sa courbe de croissance staturo-pondérale est régulière et harmonieuse, tout va bien. Chaque enfant a ses propres besoins, pouvant varier en fonction de ses pics de croissance.

CHOU-FLEUR, POMME DE TERRE ET JAMBON

POUR 1 PORTION

Préparation : 10 min
Cuisson : 15 min

1 petite pomme de terre
2 ou 3 petits bouquets de chou-fleur
20 g de jambon blanc
5 g d'huile de votre choix (1 c. à café)

1 Lavez les légumes. Épluchez et coupez la pomme de terre, puis coupez les bouquets de chou-fleur.

2 Faites cuire 15 min à la vapeur ou 10 min sous pression.

3 Coupez le jambon en petits morceaux ou moulinez-le.

4 Mixez les légumes et déposez-les sur une assiette.

5 Ajoutez l'huile, puis parsemez le jambon par-dessus.

Vous pouvez remplacer le chou-fleur par des bouquets de brocoli ou 1 carotte.

GRATIN DE CHOU-FLEUR ET ŒUF DUR

1 Lavez le chou-fleur et faites-le cuire à la vapeur 15 min.

2 Diluez la fécule de maïs dans le lait et faites épaissir à feu doux. Ajoutez la noix de muscade et le gruyère.

3 Moulinez l'œuf dur.

4 Préchauffez le gril du four.

5 Dans un petit plat à gratin, déposez le chou-fleur cuit légèrement écrasé, parsemez au-dessus l'œuf mouliné, puis versez la béchamel.

6 Passez 5 min sous le gril du four.

L'œuf en gratin se marie aussi avec le brocoli ou les épinards.

POUR 1 PORTION

Préparation : 10 min
Cuisson : 20 min

3 ou 4 petits bouquets de chou-fleur (120 à 150 g)
5 g de fécule de maïs (1 c. à café rase)
80 ml de lait
1 pointe de couteau de noix de muscade moulue
5 g de gruyère râpé
1/2 œuf dur

RATATOUILLE À LA SEMOULE

POUR 2 PORTIONS

Préparation : 15 min
Cuisson : 20 à 25 min

1/2 courgette
1/2 aubergine
50 g de fenouil
1 tomate
1 branche de thym
1 c. à café de romarin
60 g de semoule de blé
5 g d'huile d'olive par portion (1 c. à café)

1 Lavez, pelez et coupez la courgette, l'aubergine et le fenouil en petits morceaux. Lavez, pelez, épépinez, puis coupez la tomate.

2 Dans une casserole, faites cuire les légumes avec le thym et le romarin pendant 20 à 25 min. Lorsqu'ils sont cuits, ajoutez un verre d'eau (100 à 150 ml), puis versez la semoule en pluie.

3 Éteignez le feu, couvrez et laissez gonfler la semoule 2 ou 3 min.

4 Au moment de servir, ajoutez l'huile d'olive.

Vous pouvez remplacer le fenouil par 1/4 de poivron.

COUSCOUS DE LÉGUMES

1 Lavez, épluchez et coupez en morceaux les carottes, le navet et les courgettes. Lavez et coupez les tomates en quatre.

2 Dans une casserole, diluez le bouillon de légumes dans 500 ml d'eau, ajoutez-y les légumes et la branche de thym.

3 Laissez cuire 30 à 35 min.

4 Versez la semoule dans un petit saladier, ajoutez-y 2 ou 3 louches de bouillon de cuisson chaud, puis couvrez et laissez gonfler 3 min.

5 Servez la semoule avec les légumes cuits, l'huile d'olive et les grains de raisin.

Le navet peut être remplacé par 100 à 150 g de céleri branche ou de fenouil. Cela donnera au couscous un goût plus prononcé.

POUR 4 PORTIONS

Préparation : 20 min
Cuisson : 35 min

2 carottes
1 petit navet
2 courgettes
2 tomates
1/4 de bouillon de légumes en tablette
1 branche de thym
120 g de semoule de blé
5 g d'huile d'olive par portion (1 c. à café)
4 c. à café de raisins secs

COQUILLETTES AU POTIRON

POUR 1 PORTION

Préparation : 10 min
Cuisson : 12 à 15 min

20 g de coquillettes crues
1 petite tranche de potiron
5 g de crème fraîche (1 c. à café)
1 pointe de couteau de curry doux

1 Faites cuire les coquillettes dans un grand volume d'eau bouillante pendant 12 à 15 min à partir de la reprise de l'ébullition.

2 Pendant ce temps, lavez, épluchez et parez le potiron.

3 Coupez-le en dés et faites cuire 10 à 12 min à l'étouffée. En fin de cuisson, ajoutez la crème et le curry et écrasez le tout.

4 Déposez dans une assiette les coquillettes cuites, versez le potiron et servez.

Selon le goût de votre enfant, vous pouvez très bien mixer le légume et ajouter les coquillettes cuites.

GRATIN DE SEMOULE À LA COURGETTE

POUR 2 PORTIONS

Préparation : 15 min
Cuisson : 20 min

1 courgette
60 g de semoule de blé
5 g d'huile d'olive par portion (1 c. à café)
20 g de gruyère râpé

1 Préchauffez le four à 200 °C.

2 Lavez, épluchez et râpez la courgette.

3 Faites gonfler la semoule avec 2 fois son volume en eau chaude pendant 3 min, puis ajoutez-y l'huile d'olive.

4 Dans un plat à gratin, déposez la semoule, puis la courgette râpée. Parsemez de gruyère.

5 Enfournez pour 20 min.

FAÇON PARMENTIER
CAROTTE ET PANAIS

1 Lavez, épluchez et coupez les légumes.

2 Faites-les cuire 20 min à la vapeur.

3 Pendant ce temps, faites griller la viande hachée sans ajout de matière grasse.

4 Préchauffez le four à 180-200 °C. Écrasez les légumes à la fourchette en y ajoutant le lait, le curry et le persil.

5 Dans un plat à gratin, déposez la moitié des légumes écrasés, ajoutez la viande et recouvrez avec le reste de légumes.

6 Passez 2 ou 3 min au four avant de servir.

Pour réaliser ce plat plus rapidement, vous pouvez utiliser des purées de légumes surgelées en galets. À vous de varier les saveurs de légumes !

POUR 1 PORTION

Préparation : 20 min
Cuisson : 25 min

1 petite carotte
1/2 panais
20 g de steak haché
20 à 30 ml de lait
1 pointe de couteau de curry doux
1 c. à café de persil haché

PAPILLOTE DE POULET SUCRÉE-SALÉE

POUR 1 PORTION

Préparation : 15 min
Cuisson : 20 à 25 min

1/2 pomme
1 pomme de terre
2 c. à café de jus de citron
20 g de filet de poulet

1 Préchauffez le four à 180-200 °C.

2 Lavez, épluchez et coupez la pomme et la pomme de terre en petits dés.

3 Mélangez-les avec le jus de citron, puis déposez-les sur du papier sulfurisé.

4 Ajoutez le poulet par-dessus, fermez la papillote et enfournez pour 20 à 25 min.

Si votre enfant aime cette association sucré-salé, vous pouvez remplacer la pomme par de la poire type conférence.

PAPILLOTE DE LAPIN ET CAROTTE RÂPÉE

1 Préchauffez le four à 180-200 °C.

2 Lavez, épluchez et râpez la carotte. Émincez l'oignon.

3 Dans une feuille de papier sulfurisé, déposez la carotte, l'oignon, le persil et le lapin.

4 Fermez la papillote et enfournez pour 30 à 35 min.

Vous pouvez remplacer le lapin par de la dinde ou du poulet et utiliser de l'estragon ou du basilic pour faire découvrir d'autres saveurs.

POUR 1 PORTION

Préparation : 15 min
Cuisson : 30 à 35 min

1 petite carotte
1 rondelle d'oignon
2 ou 3 feuilles de persil
20 g de lapin (râble ou cuisse)

PURÉE D'ARTICHAUT ET POMME DE TERRE

POUR 2 PORTIONS

Préparation : 10 min
Cuisson : 15 min

1 pomme de terre moyenne
1 ou 2 fonds d'artichaut (200 g)
2 c. à café de jus de citron
20 à 30 ml de lait
1 pointe de couteau de noix de muscade moulue
5 g de crème fraîche par portion (1 c. à café)

1 Lavez, épluchez et coupez la pomme de terre.

2 Faites cuire les fonds d'artichaut et les morceaux de pomme de terre dans de l'eau très chaude additionnée du jus de citron pendant 15 min.

3 Égouttez les légumes et mixez-les avec le lait et la noix de muscade.

4 Au moment de servir, ajoutez la crème fraîche.

Les artichauts peuvent être remplacés par des crosnes ou des topinambours que vous trouverez sur les marchés de producteurs, ou encore en surgelé.

120
60
30
ml

FLAN D'ÉPINARDS

POUR 2 PORTIONS

Préparation : 10 min
Cuisson : 30 min

1 œuf
10 g de crème fraîche (2 c. à café)
200 ml de lait
300 g d'épinards hachés cuits
1 pointe de couteau de noix de muscade moulue

1 Préchauffez le four à 180 °C.

2 Dans un petit saladier, battez l'œuf en omelette, ajoutez-y la crème, le lait, les épinards hachés et la noix de muscade.

3 Versez ce mélange dans deux ramequins et enfournez pour 25 à 30 min.

4 Servez chaud ou tiède.

5 La seconde portion ne se conserve pas, mais fera la joie d'un adulte ou d'un aîné.

Les épinards peuvent être remplacés par de la purée de carotte, de chou-fleur ou des haricots verts coupés en petits morceaux.

COURGETTE FARCIE AU QUINOA

1 Lavez et coupez la courgette dans la longueur. Éliminez les pépins.

2 Faites cuire dans une casserole à couvert avec 2 cuillerées à soupe d'eau 4 à 6 min.

3 Faites cuire le quinoa avec un verre d'eau à feu doux 20 à 25 min.

4 Préchauffez le four à 200 °C.

5 Battez l'œuf en omelette, ajoutez-y le basilic, le quinoa cuit, puis mélangez.

6 Garnissez les moitiés de courgette avec le mélange, puis parsemez dessus le gruyère râpé.

7 Déposez sur un plat à gratin et enfournez pour 10 à 15 min.

Vous pouvez remplacer la courgette par 2 petites tomates. Il n'est alors pas nécessaire de les faire précuire. Vous pouvez aussi utiliser des petites courgettes rondes.

POUR 2 PORTIONS

Préparation : 15 min
Cuisson : 40 min

1 courgette
60 g de quinoa
1 œuf
1 c. à café de basilic haché
20 g de gruyère râpé

RIZ CANTONAIS

POUR 1 PORTION

Préparation : 15 min
Cuisson : 20 à 25 min

20 g de riz cru
20 g de petits pois surgelés
1 œuf
15 g de jambon blanc

1 Dans une casserole, faites cuire le riz à feu doux dans 4 fois son volume d'eau en y ajoutant les petits pois pendant 20 à 25 min.

2 Battez l'œuf en omelette, faites cuire à feu vif dans une petite poêle.

3 Coupez ensuite l'omelette en fines lamelles et prélevez-en un quart, puis coupez le jambon en petits morceaux.

4 Lorsque le riz est cuit, ajoutez-y l'omelette et le jambon.

5 Servez chaud.

RIZ AU CABILLAUD ET ABRICOTS

1 Lavez et épluchez la courgette. Coupez-la en petits morceaux. Lavez et ouvrez les abricots en deux. Éliminez les noyaux, puis coupez-les en petits morceaux.

2 Dans une casserole, faites cuire le riz à feu doux dans 4 fois son volume d'eau en y ajoutant la courgette et les abricots. Au bout de 15 à 17 min, ajoutez le curry et le cabillaud. Laissez cuire encore 3 ou 4 min.

3 Ajoutez le persil haché au moment de servir.

Vous pouvez remplacer le riz par 20 g de blé concassé (boulgour).

POUR 1 PORTION

Préparation : 10 min
Cuisson : 20 à 25 min

1/2 courgette
2 abricots
20 g de riz cru
1 pointe de couteau de curry doux
30 g de cabillaud
1 c. à café de persil haché

QUINOA AU POULET ET À LA POMME

POUR 2 PORTIONS

Préparation : 10 min
Cuisson : 30 min

60 g de quinoa
1 pomme
60 g de blanc de poulet
1 pointe de couteau de cannelle en poudre
2 c. à soupe de jus de pomme sans sucre ajouté

1 Faites cuire le quinoa à couvert avec 1 verre d'eau (150 ml) pendant 20 à 25 min.

2 Lavez, épluchez et coupez la pomme en petits morceaux après avoir retiré le cœur.

3 Coupez le poulet en lamelles.

4 Dans une poêle, faites griller les lamelles de poulet sans ajout de matière grasse. Ajoutez-y les morceaux de pomme et la cannelle, couvrez et laissez cuire à feu très doux pendant 5 min.

5 Lorsque le quinoa est cuit, ajoutez-le au poulet, puis versez le jus de pomme et mélangez.

6 Servez aussitôt.

Vous pouvez remplacer le poulet par du veau et la pomme par 1 poire.

QUINOA
À LA CAROTTE

1 Lavez et râpez la carotte.

2 Dans une casserole, mélangez-la avec le quinoa et le persil, ajoutez 1 verre d'eau (150 ml).

3 Couvrez et faites cuire à feu très doux 25 à 30 min.

4 Ajoutez l'huile de tournesol au moment de servir.

Vous pouvez remplacer la carotte par 1 petit panais.

POUR 2 PORTIONS

Préparation : 10 min
Cuisson : 30 min

1 carotte
60 g de quinoa
1 c. à café de persil haché
5 g d'huile de tournesol
par portion (1 c. à café)

QUINOA AU THON

POUR 2 PORTIONS

Préparation : 10 min
Cuisson : 30 min

60 g de quinoa
1 tomate
3 feuilles de basilic
60 g de thon au naturel émietté
5 g d'huile d'olive par portion
(1 c. à café)

1 Faites cuire le quinoa à couvert avec 1 verre d'eau (150 ml) pendant 20 à 25 min.

2 Lavez, pelez, épépinez et coupez la tomate.

3 Faites-la cuire dans une casserole avec le basilic pendant 3 ou 4 min, puis ajoutez le thon émietté.

4 Lorsque le quinoa est cuit, ajoutez-y l'huile, puis le thon à la tomate.

Vous pouvez remplacer le thon par du saumon.

SOUFFLÉS AU GRUYÈRE

POUR 2 PORTIONS

Préparation : 15 min
Cuisson : 25 à 30 min

15 g de fécule de maïs
(3 c. à café rases)
200 ml de lait
1 œuf
10 g de gruyère râpé
1 pointe de couteau de noix de muscade moulue

1 Diluez la fécule de maïs dans le lait et faites épaissir à feu doux.

2 Cassez l'œuf en séparant le jaune du blanc. Ajoutez le jaune d'œuf, le gruyère et la noix de muscade au lait. Battez le blanc d'œuf en neige, puis incorporez-le délicatement à la préparation.

3 Versez ce mélange dans deux petits moules à soufflé adaptés et enfournez pour 25 à 30 min.

4 Servez aussitôt. La seconde portion ne se conserve pas, mais fera la joie d'un adulte ou d'un aîné.

Le gruyère peut être remplacé par du parmesan ou de la mimolette.
Un soufflé n'attend pas, mais attention, à la sortie du four, c'est très chaud ! Ne laissez pas votre enfant le manger seul sans avoir auparavant vérifié la température.

SOUFFLÉS À LA COURGETTE

1 Lavez et parez la courgette.

2 Faites-la cuire à la vapeur avec le persil 10 min.

3 Pendant ce temps, préchauffez le four à 150 °C.

4 Diluez la fécule de maïs dans le lait et faites épaissir à feu doux.

5 Lorsque la courgette est cuite, mixez-la.

6 Cassez l'œuf en séparant le jaune du blanc. Ajoutez à la préparation le jaune d'œuf et la courgette mixée. Battez le blanc d'œuf en neige, incorporez-le délicatement à la préparation.

7 Versez ce mélange dans deux petits moules à soufflé adaptés et enfournez pour 25 à 30 min.

8 Servez aussitôt. La seconde portion ne se conserve pas, mais fera la joie d'un adulte ou d'un aîné.

Vous pouvez utiliser à la place de la courgette toutes sortes de légumes en purée : carotte, chou-fleur, brocoli, haricots verts, épinards…
Pour varier le goût vous pouvez utiliser du basilic, de la ciboulette ou de l'estragon à la place du persil.

POUR 2 PORTIONS

Préparation : 15 min
Cuisson : 25 à 30 min

1/2 courgette (100 g)
3 ou 4 feuilles de persil
15 g de fécule de maïs
(3 c. à café rases)
200 ml de lait
1 œuf

COMPOTE ABRICOTS ET FRAMBOISES

POUR 2 PORTIONS

Préparation : 10 à 20 min
Cuisson : 15 à 20 min

5 à 8 abricots selon la grosseur (250 g)
1 poignée de framboises (100 à 125 g)

1. Lavez les fruits. Coupez les abricots en deux et éliminez les noyaux. Coupez-les ensuite en petits morceaux.

2. Faites cuire à la vapeur pendant 15 min ou dans une casserole avec 2 cuillerées à soupe d'eau à feu doux pendant 20 min.

3. Mixez et faites déguster tiède ou froid.

À la place des abricots, vous pouvez utiliser 2 pêches ou 2 nectarines.

COMPOTE POMME, BANANE ET FRAISES

1 Lavez et pelez la pomme, coupez-la en quatre et éliminez le cœur. Coupez-la en petits morceaux. Lavez et épluchez la banane. Coupez-la en rondelles, puis citronnez-la. Lavez et équeutez les fraises.

2 Faites cuire les fruits à la vapeur pendant 15 min ou dans une casserole avec 2 cuillerées à soupe d'eau à feu doux pendant 20 min.

3 Mixez et servez tiède ou froid.

Vous pouvez remplacer la pomme par 1 poire ou 1 pêche.

POUR 2 PORTIONS

Préparation : 10 min
Cuisson : 15 à 20 min

1 pomme
1/2 banane
1 c. à café de jus de citron
1/2 barquette de fraises (125 g)

COMPOTE POMME ET KIWIS

POUR 2 PORTIONS

Préparation : 10 à 20 min
Cuisson : 15 à 20 min

1 belle pomme
1 ou 2 kiwis selon la grosseur

1. Lavez et pelez la pomme, puis coupez-la en quartiers et éliminez le cœur. Coupez-la ensuite en petits morceaux. Lavez et épluchez les kiwis.

2. Faites cuire les fruits pendant 15 min à la vapeur ou dans une casserole avec 2 cuillerées à soupe d'eau à feu doux pendant 20 min.

3. Mixez et répartissez la compote en deux portions.

4. Faites déguster froid.

COMPOTE POMME, POIRE ET CHOCOLAT

POUR 2 PORTIONS

Préparation : 10 min
Cuisson : 15 à 20 min

1 pomme
1 poire
1 c. à café de jus de citron
5 g de chocolat noir à croquer

1 Lavez et pelez la pomme et la poire, coupez-les en quatre et éliminez les cœurs. Coupez-les en petits dés et citronnez.

2 Faites cuire à la vapeur pendant 15 min ou dans une casserole avec 2 cuillerées à soupe d'eau à feu doux pendant 20 min.

3 Pendant ce temps, râpez le chocolat à l'aide d'un couteau Économe.

4 Mixez les fruits et répartissez le chocolat râpé par-dessus.

Dans cette recette, n'ajoutez surtout pas de sucre : le chocolat en contient suffisamment.

CRÈME DE POIRE AU PAIN D'ÉPICES

1 Lavez et pelez la poire, puis éliminez le cœur. Coupez-la en petits morceaux.

2 Déposez-les dans une casserole avec le jus de citron et 2 cuillerées à soupe d'eau. Faites cuire à feu moyen pendant 10 min.

3 Pendant ce temps, coupez grossièrement la tranche de pain d'épices avant de la mixer (vous devez obtenir des miettes, comme de la chapelure).

4 Mixez la poire cuite et laissez-la tiédir.

5 Mélangez les miettes de pain d'épices avec le petit-suisse.

6 Répartissez la purée de poire dans deux ramequins et ajoutez le mélange petit-suisse et pain d'épices par-dessus.

POUR 2 PORTIONS

Préparation : 10 min
Cuisson : 10 min

1 belle poire
1 c. à café de jus de citron
1 tranche de pain d'épices
60 g de petit-suisse

COMPOTE POMMES ET MYRTILLES

POUR 2 PORTIONS

Préparation : 10 à 20 min
Cuisson : 15 à 20 min

2 pommes
1 poignée de myrtilles (100 g)

1 Lavez et pelez les pommes, coupez-les en quatre et éliminez le cœur. Recoupez-les en petits morceaux. Lavez les myrtilles.

2 Faites cuire les fruits à la vapeur pendant 15 min ou dans une casserole avec 2 cuillerées à soupe d'eau à feu doux pendant 20 min.

3 Mixez et faites déguster froid.

Vous pouvez aussi réaliser cette recette avec des myrtilles surgelées, ou des mûres.

SEMOULE À L'ABRICOT

POUR 2 PORTIONS

Préparation : 10 min
Cuisson : 10 min

3 ou 4 abricots selon la grosseur
200 ml de lait 2e âge
20 g de semoule
10 g de sucre

1 Lavez les abricots, ouvrez-les en deux et ôtez les noyaux. Coupez-les en petits morceaux.

2 Faites cuire à la vapeur pendant 10 min.

3 Pendant ce temps, faites bouillir le lait. À ébullition, versez-y la semoule, puis baissez le feu et faites cuire 3 à 6 min sans cesser de remuer. En fin de cuisson, ajoutez les morceaux d'abricots cuits et le sucre.

4 Répartissez dans deux ramequins et laissez refroidir avant dégustation.

Pour réaliser cette recette plus rapidement, vous pouvez utiliser de la compote d'abricots.

SALADE DE FRUITS ORANGES

1 Lavez les abricots, ouvrez-les en deux et éliminez les noyaux. Coupez-les en petits morceaux. Lavez et pelez le brugnon, puis dégagez les quartiers du noyau. Coupez-le en petits cubes. Pelez l'orange et dégagez les quartiers sans la peau blanche pour limiter l'amertume.

2 Déposez les fruits dans un saladier, ajoutez le jus de pomme et l'eau de fleur d'oranger.

3 Mélangez et réservez au frais jusqu'à dégustation.

Pour peler à vif votre orange, munissez-vous d'un couteau à steak, vous arriverez ainsi mieux à trancher dans la peau de l'orange. Une fois celle-ci pelée, il vous suffit de dégager les quartiers sans la peau.

EXPRESS

POUR 4 PORTIONS

Préparation : 15 min

6 à 8 abricots selon la grosseur
1 brugnon jaune
1 orange
50 ml de jus de pomme
1 c. à café d'eau de fleur d'oranger

SALADE DE FRUITS VERTS

POUR 4 PORTIONS

Préparation : 15 min

1 pomme granny-smith
2 kiwis
Le jus de 1/2 citron
4 ou 5 prunes vertes selon la grosseur

1 Lavez les fruits, puis pelez la pomme et les kiwis. Coupez-les en petits morceaux. Déposez-les dans un saladier et arrosez-les du jus de citron. Ouvrez les prunes et enlevez les noyaux. Coupez-les en petits morceaux et ajoutez-les aux autres fruits.

2 Mélangez et réservez au frais jusqu'à dégustation.

EXPRESS

SALADE DE FRUITS ROUGES

1 Passez rapidement les framboises sous l'eau. Lavez les fraises, équeutez-les, puis coupez-les en deux ou en quatre selon leur grosseur. Lavez et dénoyautez les cerises.

2 Dans un petit saladier, mettez tous les fruits préparés et ajoutez le jus de cassis.

3 Mélangez et réservez au frais jusqu'à consommation.

POUR 4 PORTIONS

Préparation : 15 min

200 g de framboises
200 g de fraises
200 g de cerises
50 ml de jus de cassis (en bouteille)

EXPRESS

MILK-SHAKE BANANE ET FRAISES

POUR 1 PORTION

Préparation : 5 min

1/2 banane
1 c. à café de jus de citron
100 g de fraises
100 ml de lait 2e âge
1 c. à café de sucre (facultatif)

1 Lavez et épluchez la banane, puis coupez-la en rondelles et citronnez. Lavez et équeutez les fraises.

2 Mixez le plus finement possible les fruits avec le lait, puis ajoutez éventuellement le sucre.

Si vous utilisez des fraises surgelées, vous pouvez réaliser un dessert glacé en les mixant sans les décongeler.

EXPRESS

JAR

MILK-SHAKE POIRE ET KIWI

POUR 1 PORTION

Préparation : 5 min

1/2 poire
1 kiwi
100 ml de lait 2e âge
1 c. à café de sucre (facultatif)

1 Lavez et épluchez les fruits, éliminez le cœur de la poire.

2 Mixez-les finement avec le lait, puis ajoutez éventuellement le sucre.

3 Servez aussitôt.

Une bonne poire est lourde et parfumée, sa peau est sans taches ni meurtrissures. Elle doit être souple sous la pression du doigt autour du pédoncule.

EXPRESS

SMOOTHIE MELON ET FRAISES

POUR 1 PORTION

Préparation : 3 à 5 min

1 petite tranche de melon
5 ou 6 belles fraises
1 ou 2 c. à café de jus de citron

1 Pelez la tranche de melon, puis coupez-la en petits morceaux. Lavez et équeutez les fraises.

2 Mixez les fruits avec le jus de citron.

3 Servez aussitôt.

Vous pouvez remplacer le melon par 1 petite tranche de pastèque.

EXPRESS

SMOOTHIE ORANGE ET FRUITS ROUGES

POUR 1 PORTION

Préparation : 10 min

1/2 orange
100 g de fraises
100 g de framboises

1 Lavez et pelez l'orange à vif pour en dégager les quartiers sans la peau (la peau blanche des quartiers d'orange donnerait une amertume à la préparation). Lavez, puis équeutez les fraises. Passez rapidement les framboises sous l'eau.

2 Mixez finement le tout.

3 Faites déguster aussitôt.

Si les oranges se conservent relativement bien pendant une semaine à température ambiante, les placer dans le bac à légumes du réfrigérateur prolongera leur fraîcheur de 10 jours, sans risque de déshydratation.

EXPRESS

PETIT-SUISSE AUX CERISES

1 Lavez et dénoyautez les cerises.

2 Faites-les cuire 10 à 15 min à feu moyen avec 2 ou 3 cuillerées à soupe d'eau en surveillant qu'elles n'attachent pas.

3 Mixez-les finement et ajoutez éventuellement le sucre. Laissez tiédir, puis répartissez dans deux coupes.

4 Ajoutez dans chacune 30 g de petit-suisse et mélangez légèrement pour créer un tourbillon blanc et rouge.

Le choix de cerises noires bien mûres permet de donner à déguster ce tourbillon de cerises sans aucun ajout de sucre. Ce dessert se consomme dans les 24 heures et ne peut être congelé.

POUR 2 PORTIONS

Préparation : 15 min
Cuisson : 10 à 15 min

2 belles poignées de cerises noires bien mûres (250 g)
1 pot de petit-suisse (60 g)
2 c. à café de sucre (facultatif)

RIZ AU LAIT ET FLEUR D'ORANGER

POUR 2 PORTIONS

Préparation : 5 min
Cuisson : 25 à 30 min

250 ml de lait 2e âge
25 g de riz rond
20 g de sucre en poudre
1 c. à café d'eau de fleur d'oranger

1 Faites bouillir le lait. À ébullition, versez-y le riz, baissez le feu et faites cuire 25 à 30 min en remuant de temps en temps.

2 En fin de cuisson, ajoutez le sucre et l'eau de fleur d'oranger.

3 Répartissez dans deux ramequins et laissez refroidir avant dégustation.

Vous pouvez remplacer l'eau de fleur d'oranger par 1 pointe de couteau de vanille en poudre ou de cannelle en poudre.

DE 18 MOIS À 3 ANS

DE 18 MOIS À 3 ANS

BÉBÉ MANGE
(PRESQUE) DE TOUT

Jusqu'à 2 ans, votre enfant accepte facilement de goûter de nouveaux aliments. Au-delà, armez-vous de patience, car certains enfants peuvent avoir peur de la nouveauté alimentaire. Pas d'inquiétude, cette attitude fait partie du développement psychique de l'enfant. Pour lui faire accepter plus facilement les nouveaux aliments, incitez-le à les toucher, à les observer, à les sentir. N'hésitez pas à proposer l'aliment rejeté 3 ou 4 semaines plus tard sous la même forme.

L'alimentation de votre enfant doit rester variée et équilibrée, cela l'aidera à bien grandir et à se développer.

Le lait et les produits laitiers

Les besoins sont de 500 ml de lait par jour. Vous pouvez lui donner du lait de croissance ou poursuivre l'allaitement. Les laitages compléteront l'apport en calcium : proposez 1 ou 2 laitages par jour, de préférence au lait infantile, plus adaptés à votre enfant que les laitages classiques. Cependant, l'introduction de lait de vache et de produits laitiers classiques est possible, avec une modération sur les fromages riches en sel. Veillez à ne donner que des fromages au lait pasteurisé jusqu'à ses 3 ans. En effet, les fromages au lait cru peuvent être source de contamination à la listéria.

Les légumes et les fruits

Gardez l'habitude de proposer 3 à 5 portions par jour, idéalement au moins une portion par repas, en fonction de l'appétit de votre enfant. Attendez ses 2 ans pour introduire les choux à feuilles. Les fruits oléagineux entiers restent déconseillés jusqu'à 3 ans en raison des risques de « fausse route », ou plus tard en cas de terrain allergique. Vous pouvez toutefois les introduire en poudre dans les préparations.

Pour plus de goût et de saveur, proposez du navet, de l'aubergine, du céleri-rave et du céleri branche, de la mâche, des champignons, du poivron, des radis pour les nouveaux légumes. Des fruits font leur apparition dans les desserts de votre enfant : exotiques (mangue, ananas, litchi, kaki, fruit de la Passion…) et moins exotiques (rhubarbe, groseille, figue fraîche, raisin).

La viande, le poisson et les œufs

La ration de protéines doit rester au maximum de 30 g par jour (soit 6 cuillerées à café), ou 1/2 œuf, pour passer à 40 g par jour à 3 ans. Évitez les viandes très grasses, les charcuteries et les abats, difficiles à digérer pour votre enfant, ainsi que les coquillages et crustacés, jusqu'à ses 3 ans environ.

Même si votre enfant semble être plus attiré par la viande ou le poisson, respectez les quantités conseillées. Car trop de protéines pendant cette phase de croissance peut entraîner une plus grande multiplication cellulaire, avec risque d'obésité à l'âge adulte.

Les féculents

Ils doivent être consommés à chaque repas pour assurer une sensation de satiété suffisante, sous forme de pâtes, de riz, de pommes de terre, de semoule, de sarrasin, de quinoa, d'avoine, de pain, de farine dans une préparation ou de céréales au petit déjeuner.
Vous pouvez introduire les légumes secs (lentilles, pois cassés, haricots blancs, haricots rouges, fèves, pois chiches) d'abord en purée moulinée (passés au moulin à légumes pour éliminer les plus grosses fibres), puis en purée mixée (toutes les fibres sont présentes, mais mixées), puis tels quels. La texture des légumes secs est à faire évoluer lentement en fonction de l'acceptabilité de votre enfant et de son transit.

Les matières grasses

Elles sont indispensables à son équilibre alimentaire, à consommer de préférence crues pour préserver l'apport bénéfique en acides gras essentiels. Évitez les graisses cuites et les fritures (même les frites ne sont pas du tout recommandées à cet âge). Alternez beurre, crème fraîche et huile d'assaisonnement selon les plats proposés, en privilégiant les huiles qui contiennent les acides gras essentiels indispensables à l'équilibre alimentaire de votre enfant.

Les sucres et produits sucrés

Le sucre n'est pas du tout indispensable à l'équilibre alimentaire. Gardez la main légère sur le sucre dans vos desserts et méfiez-vous des sucres cachés dans les préparations et boissons du commerce. Attention, ne donnez pas d'édulcorant à votre enfant même après 3 ans : il est préférable de lui apprendre à consommer peu de sucre.

La boisson

L'eau pure reste la seule boisson nécessaire à l'organisme. En habituant votre enfant à boire uniquement de l'eau pour une bonne hydratation tout au long de la journée, vous lui donnerez de bonnes habitudes pour sa vie d'adulte. L'eau du robinet peut être consommée si elle est pauvre en nitrates, sinon préférez l'eau en bouteille peu minéralisée. Occasionnellement, vous pouvez donner à votre enfant un peu de jus de fruit sans ajout de sucre, 100 % jus de fruit, pour un complément de vitamines et minéraux, mais surtout pas de sirop ou de soda.

Le sel

On peut s'en servir, en très petite quantité, dans l'eau de cuisson par exemple, mais jamais ajouté dans l'assiette. Les besoins en sel de votre enfant restent bien moindres que les vôtres, soyez donc vigilant. Attention, certains aliments que vous pouvez introduire dans son alimentation sont riches en sel, comme le fromage et le jambon.

Les aliments danger

Chips, frites, gâteaux apéritif, saucisson, pâté, bonbons, gâteaux à la crème : ces aliments sont tentants pour votre enfant et, souvent, il semble les apprécier, mais ils restent fortement déconseillés pour sa santé.

AUBERGINE FARCIE
THON ET TOMATE

POUR 2 PORTIONS

Préparation : 10 min
Cuisson : 25 à 30 min

1 aubergine
1 filet d'huile d'olive
1 tomate
60 g de thon frais
3 à 5 feuilles de basilic frais ciselées
1 c. à soupe de parmesan en poudre

1 Lavez et coupez l'aubergine dans la longueur. Éliminez les pépins.

2 Faites-la cuire dans une casserole à couvert, avec 2 ou 3 cuillerées à soupe d'eau pendant 10 min.

3 Préchauffez le four à 200-210 °C. Huilez un plat à gratin.

4 Lavez, pelez et épépinez la tomate, puis coupez-la en petits cubes.

5 Coupez le thon en petits morceaux ou hachez-le. Dans un bol, mélangez le thon, la tomate et le basilic.

6 Farcissez les moitiés d'aubergine et déposez-les dans le plat à gratin. Saupoudrez de parmesan.

7 Enfournez pour 15 à 20 min.

COURGETTE FARCIE À LA VIANDE

1 Lavez et coupez la courgette en deux dans la longueur. Éliminez les pépins.

2 Faites-la cuire 10 min dans une casserole à couvert avec 2 ou 3 cuillerées à soupe d'eau.

3 Préchauffez le four à 200-210 °C. Huilez un plat à gratin.

4 Dans un bol, mélangez la viande hachée, le thym et le curry.

5 Farcissez les moitiés de courgette évidées et déposez-les dans le plat.

6 Enfournez pour 15 à 20 min.

POUR 1 PORTION

Préparation : 10 min
Cuisson : 25 à 30 min

1 courgette
1 filet d'huile d'olive
30 g de viande de bœuf hachée
1 c. à café de thym
1 pointe de couteau de curry doux en poudre

BROCHETTES DE SAUMON

POUR 2 PORTIONS

Préparation : 10 min
Cuisson : 10 min

80 g de pavé de saumon
1 c. à café d'herbes de Provence
24 tomates cerises

1 Préchauffez le gril du four.

2 Coupez le saumon en 18 morceaux et ajoutez-y les herbes de Provence, mélangez pour bien les enrober.

3 Préparez 6 mini brochettes avec des piques en bambou ou des cure-dents. Pour chaque brochette, utilisez 4 tomates cerises et 3 morceaux de saumon.

4 Passez-les sous le gril du four 3 à 5 min de chaque côté.

BROCHETTES DE DINDE

1 Préchauffez le gril du four.

2 Lavez, épluchez et coupez la courgette en gros tronçons (24 tronçons). Coupez le filet de dinde en 18 morceaux.

3 Préparez 6 mini brochettes avec des piques en bambou ou des cure-dents. Pour chacune, utilisez 4 tronçons de courgette, 3 morceaux de filet de dinde et 1 feuille de basilic.

4 Passez sous le gril du four pendant 3 à 5 min de chaque côté.

Vous pouvez faire griller les mini brochettes sur un gril électrique ou au barbecue en les déposant sur un papier aluminium. Cela évitera le contact avec la fumée du feu.

POUR 2 PORTIONS

Préparation : 10 min
Cuisson : 10 min

1 courgette
80 g de filet de dinde
6 feuilles de basilic

COQUILLETTES FAÇON CARBONARA

POUR 1 PORTION

Préparation : 10 min
Cuisson : 10 à 12 min

30 g de coquillettes
30 g de dés de jambon dégraissé
5 g de crème fraîche (1 c. à café)
5 g de parmesan râpé (1 c. à café)

1. Faites cuire les coquillettes à grande eau 10 à 12 min selon le temps indiqué sur le paquet.
2. Pendant ce temps, faites griller à sec les dés de jambon dans une poêle.
3. Égouttez les coquillettes, déposez-les sur une assiette et ajoutez la crème fraîche et le jambon.
4. Parsemez de parmesan, faites déguster.

Vous pouvez aussi réaliser cette recette avec un reste de pâtes cuites la veille (prévoir 100 g de pâtes cuites).

CRÊPES AUX CHAMPIGNONS

1 Lavez, parez, puis épluchez les champignons. Émincez-les finement et ajoutez-y le jus de citron.

2 Faites cuire à feu doux pendant 15 à 20 min dans une casserole à couvert.

3 Délayez la fécule de maïs dans le lait, faites épaissir à feu doux et maintenez la cuisson 2 min après épaississement. Ajoutez-y le gruyère et la noix de muscade, puis les champignons cuits égouttés.

4 Garnissez les crêpes avec ce mélange.

Vous pouvez servir vos crêpes en chaud-froid ou les faire légèrement chauffer ainsi garnies pendant 3 ou 4 minutes dans un four chaud.

POUR 2 CRÊPES

Préparation : 15 min
Cuisson : 15 à 20 min

200 g de champignons
2 c. à café de jus de citron
5 g de fécule de maïs
100 ml de lait
5 g de gruyère râpé
1 pointe de couteau de noix de muscade moulue
2 crêpes (voir recette p. 154)

CROQUE-MONSIEUR

POUR 1 PORTION

Préparation : 5 min
Cuisson : 10 min

1 tranche de pain de mie à sandwich (40 g)
5 g de gruyère râpé
20 g de jambon

1 Préchauffez le gril du four.

2 Coupez le pain en deux. Sur un morceau, répartissez la moitié du gruyère, puis déposez le jambon. Ajoutez le reste de gruyère et recouvrez avec l'autre morceau de pain.

3 Passez sous le gril du four 8 à 10 min, ou faites cuire au gril électrique.

Vous pouvez remplacer le gruyère par du comté ou de la mimolette râpés dans les mêmes proportions. Vous pouvez également ajouter un peu de fromage râpé sur le croque pour le faire gratiner.

EXPRESS

CROQUE-TARTIFLETTE

POUR 1 PORTION

Préparation : 5 min
Cuisson : 8 à 10 min

1 tranche de pain de mie à sandwich (40 g)
20 g de reblochon
10 g de jambon

1 Préchauffez le gril du four.

2 Coupez le pain et le reblochon en deux. Sur un morceau de pain, déposez un morceau de reblochon, puis le jambon et l'autre morceau de reblochon. Recouvrez de l'autre morceau de pain.

3 Passez 8 à 10 min sous le gril du four, ou faites cuire au gril électrique.

Vous pouvez aussi utiliser du pain ordinaire de la veille, mais coupez alors des tranches fines.

EXPRESS

MINI SANDWICHS AU CONCOMBRE

1 Tartinez le fromage frais sur le pain. Coupez la tranche de pain en quatre morceaux.

2 Constituez vos deux mini sandwichs : 1 carré de pain, 1 rondelle de concombre, 10 g de jambon, 1 rondelle de concombre et 1 carré de pain.

Pour faire tenir les sandwichs, vous pouvez utiliser une pique en bois ou en bambou, cela ravira votre enfant et donnera un aspect pique-nique à ce repas.

POUR 1 PORTION

Préparation : 10 min

5 g de fromage frais
1 tranche de pain de mie à sandwich (40 g)
4 rondelles de concombre
20 g de jambon

EXPRESS

ENDIVES
AU JAMBON

POUR 2 PORTIONS

Préparation : 10 min
Cuisson : 20 min

2 petites endives
12 g de fécule de maïs
150 ml de lait
1 pointe de couteau de noix de muscade moulue
15 g de gruyère râpé
1 tranche de jambon (60 g)

1. Lavez et parez les endives.
2. Faites-les cuire à la vapeur 10 min.
3. Diluez la fécule de maïs avec le lait dans une casserole, faites épaissir à feu doux, puis laissez cuire 2 min sans cesser de remuer.
4. Ajoutez-y la noix de muscade et le gruyère râpé.
5. Préchauffez le gril du four.
6. Coupez le jambon en deux dans la longueur. Enveloppez chaque endive avec un morceau de jambon et déposez dans un plat à gratin.
7. Versez la béchamel et passez sous le gril du four 4 à 6 min.

Vous pouvez remplacer les endives par 2 petits blancs de poireau.

GALETTES DE POMMES DE TERRE

1 Lavez, pelez et râpez les pommes de terre.

2 Battez l'œuf en omelette, ajoutez-y le persil, la noix de muscade et les pommes de terre râpées.

3 Dans une grande sauteuse, faites chauffer l'huile. Lorsque la sauteuse est chaude, répartissez la préparation en 4 à 6 petits tas et aplatissez-les. Faites saisir 3 à 5 min, avant de retourner chaque galette. Laissez de nouveau saisir 3 à 5 min, puis couvrez 3 à 5 min pour terminer la cuisson.

4 Servez chaud ou tiède.

Selon la taille de votre sauteuse, vous pouvez réaliser les galettes en 2 ou 3 fois. Maintenez alors au four en attendant de servir.

POUR 2 PORTIONS

Préparation : 15 min
Cuisson : 10 à 15 min

2 pommes de terre
1 œuf
2 c. à soupe de persil haché
1 pointe de couteau de noix de muscade moulue
1 c. à café d'huile de tournesol

AUMÔNIÈRES À LA RATATOUILLE

POUR 2 CRÊPES

Préparation : 10 min
Cuisson : 12 min

1 tomate
2 lamelles de poivron
1/2 courgette
1/2 aubergine
1/2 c. à café de thym
1 c. à café d'huile d'olive
2 crêpes (voir recette p. 154)
2 brins de ciboulette

1 Lavez et pelez les légumes. Épépinez la tomate et le poivron. Coupez l'ensemble en petits morceaux.

2 Faites chauffer une poêle, versez-y les légumes et faites cuire à feu vif 10 à 12 min en remuant régulièrement. Ajoutez le thym et l'huile d'olive en fin de cuisson.

3 Répartissez ce mélange au centre des crêpes, formez vos aumônières en ramenant les bords sur le dessus et liez-les avec les brins de ciboulette.

GNOCCHIS À LA ROMAINE

POUR 2 PORTIONS

Préparation : 15 min
Cuisson : 15 min

250 ml de lait
30 g de semoule de blé fine
1 œuf
1 pointe de couteau de noix de muscade moulue
20 g de gruyère râpé

1 Faites chauffer le lait, puis versez en pluie la semoule et faites cuire 10 min en remuant régulièrement.

2 Battez l'œuf en omelette avec la noix de muscade, puis ajoutez à la semoule tiède, pour éviter la coagulation de l'œuf. Remuez. Vous devez obtenir comme une pâte épaisse.

3 Préchauffez le gril du four.

4 Répartissez en petits tas sur une plaque ou du papier sulfurisé, parsemez de gruyère râpé. Passez sous le gril du four 3 à 5 min pour faire dorer.

5 Servez chaud tel quel ou agrémenté d'une sauce tomate.

Vous pouvez réaliser cette recette avec différents types de semoule : de sarrasin, de maïs, d'orge ou d'avoine. Vous pouvez aussi remplacer le gruyère râpé par du parmesan en poudre.

MINI PIZZAS À LA MOZZARELLA

POUR 1 PORTION

Préparation : 10 min
Cuisson : 8 à 10 min

1 tranche de pain de mie à sandwich (40 g)
4 rondelles de tomate
4 feuilles de basilic
20 g de mozzarella
10 g de thon au naturel émietté

1 Préchauffez le gril du four.

2 Coupez le pain en quatre.

3 Sur chaque morceau, déposez 1 rondelle de tomate, 1 feuille de basilic, 1/4 de la mozzarella, 1/4 du thon.

4 Déposez sur une plaque, enfournez et passez sous le gril 8 à 10 min.

Vous pouvez par exemple remplacer le thon par 10 g de jambon dégraissé et le basilic par 1/2 cuillerée à café d'herbes de Provence.
N'hésitez pas à varier les garnitures ! Vous pouvez aussi remplacer le pain de mie par une pâte à pizza.

EXPRESS

TARTELETTES À LA CAROTTE ET CÉLERI

POUR 2 PORTIONS

Préparation : 10 min
Repos : 15 min
Cuisson : 30 min

30 g de beurre
60 g de farine
1 œuf
100 ml de lait
1 c. à soupe de crème fraîche
1 pointe de couteau de curry doux
40 g de carotte râpée
40 g de céleri râpé

1 Préparez une pâte brisée : coupez le beurre en petits morceaux, ajoutez-y la farine et mélangez du bout des doigts. Ajoutez 1 ou 2 cuillerées à soupe d'eau pour former le pâton. Laissez reposer 15 min. Préchauffez le four à 200-210 °C.

2 Battez l'œuf en omelette, ajoutez-y le lait, la crème et le curry.

3 Étalez la pâte, garnissez-en deux moules à tartelette et piquez le fond. Répartissez-y les légumes râpés. Versez par-dessus le mélange à base de lait.

4 Enfournez pour 30 min.

5 Se déguste aussi bien chaud que froid.

TARTELETTES AU BROCOLI ET SAUMON

1 Préparez une pâte brisée (voir recette « Tartelettes à la carotte et céleri », p. 142). Préchauffez le four à 200-210 °C.

2 Lavez et coupez le brocoli.

3 Faites-le cuire à la vapeur 10 min.

4 Coupez le saumon en petits dés.

5 Battez l'œuf en omelette, ajoutez-y le lait, la crème et l'estragon.

6 Étalez la pâte pour garnir deux moules à tartelette et piquez le fond. Déposez-y les dés de saumon, le brocoli, puis versez la préparation à base de lait.

7 Enfournez pour 25 min.

8 Se déguste aussi bien chaud que froid.

Vous pouvez utiliser du chou-fleur à la place du brocoli

POUR 2 PORTIONS

Préparation : 20 min
Repos : 15 min
Cuisson : 35 min

30 g de beurre
60 g de farine
150 g de brocoli
40 g de saumon frais
1 œuf
100 ml de lait
1 c. à soupe de crème fraîche
1 c. à café d'estragon haché

SOUFFLÉS AU CÉLERI

POUR 2 PORTIONS

Préparation : 10 min
Cuisson : 30 min

1 œuf
5 g de beurre
12 g de fécule de maïs
150 ml de lait
100 g de purée de céleri
1 pointe de couteau de noix de muscade moulue
10 g de gruyère râpé

1 Préchauffez le four à 150 °C.

2 Cassez l'œuf en séparant le blanc du jaune. Battez le blanc en neige ferme et gardez-le au frais.

3 Beurrez deux petits moules à soufflé.

4 Diluez la fécule de maïs avec le lait dans une casserole, faites épaissir à feu doux, puis laissez cuire 2 min sans cesser de remuer. Hors du feu, incorporez le jaune d'œuf, puis ajoutez la purée de céleri, la noix de muscade et le gruyère. Incorporez délicatement le blanc d'œuf en neige, répartissez dans les moules.

5 Enfournez pour 25 min.

6 Servez aussitôt, un soufflé n'attend pas !

Vous pouvez remplacer la purée de céleri par 100 g de purée de chou-fleur ou 100 g de purée de brocoli.

SOUFFLÉS AU CHÈVRE

1 Préchauffez le four à 150 °C.

2 Préparez la base du soufflé (voir recette « Soufflés au céleri », p. 144).

3 Après avoir incorporé le jaune d'œuf, émiettez le fromage de chèvre dans le mélange. Incorporez délicatement le blanc d'œuf en neige, puis répartissez dans les 2 petits moules.

4 Enfournez pour 25 min.

5 Servez aussitôt, un soufflé n'attend pas !

Vous pouvez remplacer le fromage de chèvre par un fromage moins fort comme le beaufort ou la raclette dans les mêmes proportions.

POUR 2 PORTIONS

Préparation : 10 min
Cuisson : 25 min

1 œuf
5 g de beurre
12 g de fécule de maïs
150 ml de lait
50 g de fromage de chèvre mi-sec

VELOUTÉ D'ASPERGE

POUR 2 PORTIONS

Préparation : 15 min
Cuisson : 30 min

150 g d'asperges (fines de préférence)
15 g de beurre
1/4 de petit oignon haché
10 g de farine
5 g de crème fraîche par portion (1 c. à café)

1 Lavez soigneusement les asperges. Si elles sont bien fraîches, vous n'aurez pas besoin de les peler. Coupez les pointes (ou têtes) et faites de petites rondelles fines avec les tiges.

2 Plongez-les dans une casserole d'eau bouillante salée pendant 1 min environ, puis égouttez-les.

3 Faites fondre le beurre dans une autre casserole, versez-y l'oignon haché, les rondelles d'asperge et laissez cuire 5 min à feu doux. Ajoutez alors la farine et remuez bien afin d'éviter les grumeaux. Éteignez le feu et versez 400 ml d'eau chaude. Rallumez ensuite le feu et laissez mijoter 20 min à feu doux. Ajoutez les pointes d'asperge et laissez cuire encore 5 min. Mixez le tout jusqu'à obtention d'un velouté. Déposez la crème fraîche au milieu de l'assiette et servez aussitôt.

4 En tournant légèrement la crème avec la pointe d'un couteau, vous réaliserez un tourbillon dans le velouté d'asperge.

5 À consommer chaud ou glacé, c'est délicieux !

POTAGE AU CRESSON

POUR 2 PORTIONS

Préparation : 10 min
Cuisson : 45 min

1 pomme de terre
1 grosse poignée de cresson (200 g)
100 ml de lait
1 c. à soupe de crème fraîche
1 petite pincée de sel

1 Lavez, épluchez et coupez la pomme de terre en morceaux. Lavez et coupez grossièrement le cresson.

2 Faites cuire l'ensemble à feu doux avec 500 ml d'eau et le sel pendant 45 min environ.

3 Passez le tout au mixeur, ajoutez le lait et la crème, puis servez.

POTAGE À L'ENDIVE

1 Lavez et épluchez l'endive en enlevant le cœur qui est amer, puis coupez-la en petits tronçons. Lavez, épluchez et coupez la pomme de terre.

2 Faites cuire l'ensemble dans 500 ml d'eau froide. Après ébullition, baissez le feu et laissez frémir pendant 45 min.

3 En fin de cuisson, mixez le tout, puis ajoutez le fromage blanc et la noix de muscade.

POUR 2 PORTIONS

Préparation : 10 min
Cuisson : 45 min

1 endive
1 pomme de terre
1 c. à soupe de fromage blanc
1 pointe de couteau de noix de muscade moulue

SALADE DE HARICOTS VERTS MIMOSA

POUR 2 PORTIONS

Préparation : 10 min

200 g de haricots verts cuits
1 œuf dur
2 c. à café d'huile de colza
4 c. à café de jus de citron
1 c. à café de persil haché

1 Coupez les haricots verts en petit tronçons de 2 ou 3 cm. Coupez l'œuf en fines rondelles.

2 Réalisez la sauce d'assaisonnement en mélangeant l'huile, le jus de citron et le persil.

3 Disposez les haricots verts dans deux assiettes, puis versez la sauce pour assaisonner.

4 Déposez les rondelles d'œuf par-dessus.

Vous pouvez aussi proposer un panaché de haricots en remplaçant 100 g de haricots verts par 100 g de haricots beurre.

EXPRESS

TOMATE ET MACÉDOINE DE LÉGUMES

1 Faites cuire la macédoine à la vapeur 12 à 15 min, puis laissez refroidir.

2 Lavez la tomate, coupez le chapeau et videz l'intérieur.

3 Lorsque la macédoine a refroidi, ajoutez-y le fromage blanc et la ciboulette.

4 Remplissez la tomate de ce mélange, puis déposez le chapeau par-dessus.

5 Servez frais.

POUR 1 PORTION

Préparation : 10 min
Cuisson : 15 min

40 g de macédoine de légumes surgelée
1 petite tomate
1 c. à soupe de fromage blanc
1 c. à café de ciboulette ciselée

RISOTTO TOMATE ET JAMBON

POUR 2 PORTIONS

Préparation : 10 min
Cuisson : 30 min

2 tomates
5 g d'huile d'olive
60 g de riz rond
60 g de jambon blanc dégraissé
20 g de gruyère râpé

1 Lavez, pelez et épépinez les tomates.

2 Dans une casserole, faites chauffer l'huile et versez-y les tomates. Faites-les revenir en les écrasant légèrement, puis ajoutez le riz en pluie. Remuez et laissez cuire 1 min.

3 Ajoutez peu à peu 200 ml d'eau chaude en remuant afin que le riz absorbe l'eau.

4 Coupez le jambon en lamelles et ajoutez-les au riz.

5 Laissez mijoter 15 à 18 min à feu très doux.

6 Au moment de servir, ajoutez le gruyère râpé.

RISOTTO COURGETTE ET BASILIC

1 Lavez, pelez et coupez la courgette en petits morceaux.

2 Dans une casserole, faites chauffer l'huile et versez-y les morceaux de courgette. Faites-les revenir avec le basilic, puis ajoutez le riz en pluie, remuez et faites cuire 1 min. Ajoutez peu à peu 200 ml d'eau chaude en remuant afin que le riz absorbe l'eau.

3 Laissez mijoter 15 à 18 min à feu très doux.

4 Au moment de servir, ajoutez le parmesan râpé.

POUR 2 PORTIONS

Préparation : 10 min
Cuisson : 30 min

1 courgette
5 g d'huile d'olive
6 feuilles de basilic
60 g de riz rond
20 g de parmesan râpé

CRÊPES À GARNIR

POUR 5 CRÊPES

Préparation : 5 min
Repos : 15 min
Cuisson : 15 à 20 min

1 œuf
100 ml de lait
80 g de farine
150 ml d'eau
5 g d'huile de tournesol
(1 c. à café)

1 Battez l'œuf en omelette et ajoutez-y le lait.

2 Versez lentement la farine tout en remuant, puis ajoutez l'eau et l'huile. Mélangez jusqu'à obtention d'une pâte homogène.

3 Laissez reposer 15 min.

4 Faites chauffer votre crêpière (crêpière de 24 à 26 cm de diamètre). Pour une crêpe, versez une louche de pâte, laissez cuire 1 ou 2 min sur chaque face.

5 Vous pouvez ainsi réaliser cinq crêpes.

Salée ou sucrée, la garniture est à votre convenance !

CHOUQUETTES MAISON

POUR 12 À 15 CHOUQUETTES

Préparation : 15 min
Cuisson : 35 min

60 ml de lait
15 g de beurre
1 pincée de sel
35 g de farine
1 œuf
10 à 15 g de sucre en grains ou « perlé »

1 Dans une casserole, portez à ébullition le lait avec le beurre et le sel. Hors du feu, incorporez la farine en une seule fois, puis mélangez rapidement à la spatule.

2 Battez l'œuf en omelette.

3 Pour évacuer l'excédent d'humidité, faites sécher la pâte 2 ou 3 min en remettant la casserole sur le feu.

4 Transvasez la pâte dans un bol, ajoutez-y l'œuf. Continuez à travailler l'ensemble à la spatule. La pâte à choux est prête lorsque vous relevez votre spatule et que la pâte reste en place sans retomber.

5 Préchauffez le four à 200 °C. Dressez 12 à 15 petits pâtons sur une plaque ou sur du papier sulfurisé. Ajoutez le sucre par-dessus.

6 Enfournez pour 20 à 25 min. Lorsque les choux ont bien gonflé et qu'ils montrent une coloration, entrouvrez le four pour dessécher les chouquettes encore 5 à 10 min. Déposez-les sur une grille et laissez refroidir avant dégustation.

Vous pouvez remplacer le sucre par 10 à 15 g de pépites de chocolat.

MADELEINES MAISON

POUR 20 MADELEINES

Préparation : 10 min
Cuisson : 20 min

150 g de farine
110 g de sucre
1 sachet de sucre vanillé
3 œufs
75 g de beurre fondu

1 Préchauffez le four à 180-190 °C.

2 Dans un saladier, versez la farine et les sucres. Ajoutez-y les œufs, puis le beurre fondu. Mélangez le tout à l'aide d'un batteur électrique ou d'une cuillère en bois.

3 Répartissez dans vos moules à madeleines.

4 Enfournez pour 17 à 20 min, selon la coloration souhaitée.

5 À la sortie du four, démoulez et laissez refroidir sur une grille.

Vous pouvez remplacer le sucre vanillé par 1 petit carré de chocolat dans chaque madeleine. Vous pouvez aussi ajouter du zeste de citron ou d'orange non traité. Pour des madeleines à la fleur d'oranger, il vous suffit d'ajouter 1 cuillerée à soupe d'eau de fleur d'oranger au mélange.

FLAN À LA VANILLE

POUR 2 PORTIONS

Préparation : 10 min
Cuisson : 35 min

250 ml de lait
1/2 gousse de vanille
1 œuf
20 g de fécule de maïs
25 g de sucre

1 Faites chauffer le lait avec la gousse de vanille fendue dans le sens de la longueur.

2 Préchauffez le four à 180 °C.

3 Pendant ce temps, battez l'œuf en omelette, ajoutez-y la fécule de maïs, puis le sucre. Mélangez le tout, versez le lait bouillant sans la vanille. Faites cuire 1 min à feu doux sans cesser de remuer.

4 Versez dans deux petits ramequins et déposez-les dans un bain-marie.

5 Enfournez pour 25 à 30 min.

6 Servez tiède ou froid.

Vous pouvez remplacer la gousse de vanille par 1 pointe de couteau de cannelle en poudre ou 1 cuillerée à café d'eau de fleur d'oranger.

FLAN FRAMBOISES ET MÛRES

1 Préchauffez le four à 180 °C.

2 Lavez rapidement les fruits.

3 Répartissez-les dans deux petits ramequins.

4 Battez l'œuf en omelette avec le sucre.

5 Délayez la fécule de maïs dans le lait, faites chauffer 2 min dans une casserole, puis versez sur le mélange à base d'œuf. Ajoutez la crème fraîche.

6 Mélangez le tout et répartissez sur les fruits.

7 Enfournez pour 30 à 35 min au bain-marie.

8 Ce flan se déguste tiède ou froid.

Vous pouvez remplacer les mûres par 100 g de myrtilles.

POUR 2 PORTIONS

Préparation : 10 min
Cuisson : 30 à 35 min

100 g de framboises
100 g de mûres
1 œuf
20 g de sucre
10 g de fécule de maïs
150 ml de lait
2 c. à soupe de crème fraîche

MINI ROULÉ À LA CONFITURE

POUR 1 MINI ROULÉ

Préparation : 5 min
Repos : 2 ou 3 h

1 tranche de pain brioché
5 g de beurre ramolli
1 ou 2 c. à café de confiture de votre choix

1. Beurrez la tranche de pain brioché et tartinez-la de confiture.
2. Roulez la tranche ainsi préparée, puis enveloppez-la dans du film alimentaire.
3. Placez au réfrigérateur 2 ou 3 heures.
4. Au moment de servir, déballez le roulé et coupez-le en petites tranches de 1 cm.

Vous pouvez aussi utiliser 1 tranche de pain de mie à la place du pain brioché.

CLAFOUTIS AUX CERISES

POUR 2 PORTIONS

Préparation : 15 min
Cuisson : 25 min

200 g de cerises
200 ml de lait
80 g de pain viennois
1 œuf
15 g de sucre
1 pointe de couteau de vanille en poudre

1 Dénoyautez les cerises (c'est indispensable, car votre enfant pourrait avaler des noyaux).

2 Préchauffez le four à 200-210 °C.

3 Faites chauffer le lait, émiettez-y le pain, puis laissez gonfler.

4 Battez l'œuf en omelette, versez-le sur le lait, mélangez, puis ajoutez le sucre et la vanille.

5 Répartissez les cerises dans deux petits plats à gratin et versez la préparation par-dessus.

6 Enfournez pour 20 à 25 min.

7 Se déguste tiède ou froid.

Vous pouvez remplacer les cerises par 200 g de mirabelles dénoyautées et la vanille par de la cannelle.

CLAFOUTIS POMMES ET CHÂTAIGNE

1 Préchauffez le four à 200 °C.

2 Dans un bol, mélangez la farine de châtaigne, l'œuf et le sucre. Versez peu à peu le lait tout en remuant jusqu'à obtention d'une pâte homogène.

3 Lavez, pelez et coupez les pommes en quartiers, puis éliminez le cœur. Coupez les quartiers en lamelles ou en cubes, puis déposez-les dans deux petits plats à gratin beurrés. Versez la pâte par-dessus.

4 Enfournez pour 25 à 30 min.

5 Servez tiède ou froid.

Vous pouvez remplacer 1 pomme par 1 poire pour avoir un mélange de plusieurs fruits.

POUR 2 PORTIONS

Préparation : 15 min
Cuisson : 30 min

40 g de farine de châtaigne
1 œuf
5 g de sucre
150 ml de lait
2 pommes
5 g de beurre

BANANE CARAMÉLISÉE

POUR 1 PORTION

Préparation : 5 min
Cuisson : 10 à 15 min

1 banane
2 c. à café de jus de citron
5 g de sucre en poudre

1 Préchauffez le gril du four.

2 Lavez, pelez et coupez la banane en rondelles.

3 Déposez celles-ci dans un petit plat à gratin et arrosez-les de jus de citron. Parsemez de sucre.

4 Enfournez sous le gril du four et faites caraméliser 10 à 15 min.

5 Laissez tiédir avant de faire consommer.

POMME CARAMÉLISÉE AU FOUR

1 Préchauffez le gril du four.

2 Lavez, pelez et coupez la pomme en quartiers, puis éliminez le cœur. Coupez les quartiers en lamelles. Déposez-les sur un plat.

3 Enfournez à mi-hauteur et faites cuire 8 à 10 min.

4 À mi-cuisson, retournez chaque lamelle de pomme pour avoir un effet caramélisé des deux côtés.

5 Laissez refroidir avant consommation.

EXPRESS

POUR 1 PORTION

Préparation : 5 min
Cuisson : 8 à 10 min

1 pomme

POMME AU FOUR AU PAIN D'ÉPICES

POUR 1 PORTION

Préparation : 10 min
Cuisson : 25 min

1 pomme
1/2 tranche de pain d'épices
4 c. à soupe de lait

1 Lavez, essuyez et creusez doucement la pomme pour éliminer le cœur en prenant soin de ne pas percer le fond.

2 Préchauffez le four à 200 °C.

3 Mixez le pain d'épices avec le lait et faites chauffer dans une casserole 1 ou 2 min. Versez le mélange dans la pomme.

4 Déposez celle-ci dans un plat à crème brûlée et enfournez pour 20 min.

5 Faites déguster tiède ou froid.

Vous pouvez faire cuire votre pomme nature ou bien ajouter 1 cuillerée à café de miel à la préparation.

CHIPS À LA FRAISE

1 Préchauffez le four à 100 °C.

2 Lavez, équeutez et essuyez les fraises. Coupez-les en tranches fines dans le sens de la longueur.

3 Posez-les sur du papier sulfurisé.

4 Saupoudrez-les de sucre glace à l'aide d'une passoire-tamis.

5 Enfournez pour 60 à 75 min.

Ces pétales de fruit peuvent se préparer et se conserver dans une boîte hermétique, à l'abri de l'humidité. Elles sont idéales pour décorer vos desserts et faire découvrir la fraise différemment.

POUR 1 PORTION

Préparation : 10 min
Cuisson : 60 à 75 min

4 fraises de taille moyenne
10 g de sucre glace

CHAUSSONS AUX POMMES

POUR 4 MINI CHAUSSONS

Préparation : 20 min
Cuisson : 50 min

1 pomme
10 g de sucre
125 g de pâte feuilletée
1 jaune d'œuf

1 Lavez, pelez et coupez la pomme en quartiers, puis éliminez le cœur.

2 Faites-la cuire à feu doux à couvert avec le sucre et 2 cuillerées à soupe d'eau pendant 15 à 20 min.

3 Préchauffez le four à 200-210 °C.

4 Découpez 4 disques dans la pâte feuilletée à l'aide d'un bol. Répartissez la pomme cuite au centre des cercles de pâte. Rabattez une moitié de chaque disque en demi-lune. Mouillez les bords, puis pincez-les pour les souder. Badigeonnez la surface avec le jaune d'œuf.

5 Enfournez pour 25 à 30 min.

6 Servez tiède ou froid.

Vous pouvez remplacer la pomme par 1 poire.

FEUILLETÉS À LA POIRE

POUR 2 PORTIONS

Préparation : 10 min
Cuisson : 15 min

1 poire
2 c. à café de jus de citron
2 feuilles de pâte filo
5 g d'amandes en poudre
1 c. à café rase de sucre vanillé

1. Préchauffez le four à 210 °C.
2. Lavez, pelez et éliminez le cœur de la poire, puis coupez-la en lamelles. Versez le jus de citron dessus.
3. Pliez en deux chaque feuille de pâte filo et disposez-les sur un plat ou une feuille de papier sulfurisé.
4. Répartissez les lamelles de poire par-dessus, puis saupoudrez d'amandes en poudre et de sucre vanillé.
5. Enfournez pour 12 à 15 min.
6. Laissez tiédir avant de faire déguster.

Vous pouvez remplacer la poire par 1 pomme.

SABLÉS AU BEURRE

POUR 25 SABLÉS ENVIRON

Préparation : 10 min
Repos : 2 h
Cuisson : 15 min

65 g de sucre
1 jaune d'œuf
65 g de beurre mou
125 g de farine + 10 g pour le façonnage

1 Dans un saladier, mélangez au batteur électrique ou à la fourchette le sucre avec le jaune d'œuf jusqu'à ce que le mélange blanchisse. Incorporez ensuite le beurre mou, puis la farine. Malaxez le tout jusqu'à obtention d'une pâte homogène.

2 Réservez 2 heures au frais.

3 Préchauffez le four à 180-190 °C.

4 Sur votre plan de travail fariné, étalez la pâte (4 ou 5 mm d'épaisseur) et découpez les sablés avec un emporte-pièce ou un verre.

5 Déposez les sablés sur une plaque ou sur du papier sulfurisé. Enfournez pour 12 à 15 min, selon la coloration souhaitée. Décollez les sablés une fois tiédis et laissez-les refroidir sur une grille avant de les conserver.

Vous pouvez remplacer 10 g de sucre par un sachet de sucre vanillé pour réaliser des sablés à la vanille. Vous pouvez aussi incorporer 1 cuillerée à café de cannelle en poudre pour réaliser des sablés à la cannelle.

CRUMBLE POIRE ET CHOCOLAT

POUR 1 PORTION

Préparation : 10 min
Cuisson : 15 à 20 min

1 poire
5 g de beurre
5 g de farine
5 g de flocons d'avoine
10 g de pépites de chocolat

1 Préchauffez le four à 200-210 °C.

2 Lavez, pelez et coupez la poire en quartiers, puis éliminez le cœur. Coupez les quartiers en cubes et déposez-les dans un petit plat à gratin.

3 Dans un bol, mélangez le beurre, la farine, les flocons d'avoine et les pépites de chocolat. Versez ce mélange sur la poire.

4 Enfournez pour 15 à 20 min.

5 Laissez tiédir avant de faire déguster.

Vous pouvez remplacer la poire par 1 petite banane.

CRUMBLE À LA POMME

1 Préchauffez le four à 200-210°C.

2 Lavez, pelez et coupez la pomme en quartiers, puis éliminez le cœur. Coupez les quartiers en lamelles ou en cubes et déposez-les dans un petit plat à gratin.

3 Dans un bol, mélangez le beurre, le sucre, la farine, la poudre d'amande et versez ce mélange sur la pomme.

4 Enfournez pour 15 à 20 min.

5 Laissez tiédir avant de faire déguster.

Vous pouvez remplacer la pomme par 1 poire ou 1 pêche.

POUR 1 PORTION

Préparation : 10 min
Cuisson : 15 à 20 min

1 pomme
5 g de beurre
5 g de sucre
10 g de farine
5 g d'amandes en poudre

CRÈME AU CHOCOLAT

POUR 2 PORTIONS

Préparation : 5 min
Cuisson : 10 min

250 ml de lait
25 g de chocolat à cuire
20 g de fécule de maïs

1 Faites chauffer 200 ml de lait avec le chocolat, remuez de temps en temps.

2 Diluez la fécule de maïs avec le reste du lait froid.

3 Lorsque le chocolat est intégralement fondu, versez le reste du lait. Faites épaissir à feu doux, maintenez 2 min de cuisson après épaississement sans cesser de remuer. Retirez du feu et versez dans deux ramequins.

4 Servez après refroidissement complet.

EXPRESS

GÂTEAU AUX CAROTTES

POUR 1 GÂTEAU

Préparation : 15 min
Cuisson : 50 min

5 œufs
250 g de sucre en poudre
250 g d'amandes en poudre
250 g de carottes râpées
1 citron non traité
2 c. à soupe de fécule de maïs
1 c. à soupe de cannelle en poudre
5 g de beurre

1 Séparez les blancs d'œufs des jaunes. Battez les blancs en neige très ferme et réservez au frais.

2 Préchauffez le four à 150 °C.

3 Battez les jaunes avec le sucre jusqu'à obtention d'un mélange mousseux. Ajoutez-y les amandes en poudre, puis les carottes, mélangez de nouveau.

4 Lavez le citron, prélevez le zeste, puis pressez le jus. Ajoutez-les au mélange, puis versez la fécule de maïs et la cannelle.

5 Incorporez délicatement les blancs d'œufs en neige.

6 Beurrez un moule à manqué de 20 cm de diamètre, puis versez-y la pâte.

7 Enfournez pour 45 à 50 min. Laissez refroidir avant de découper des parts.

GÂTEAU AU YAOURT

1 Préchauffez le four à 180 °C.

2 Mélangez le yaourt avec le sucre.

3 Ajoutez-y les œufs, puis la farine et la levure.

4 Versez dans un moule à cake préalablement huilé.

5 Enfournez pour 30 à 35 min. Vérifiez la cuisson en enfonçant la pointe d'un couteau dans le gâteau.

* 1 volume correspond à 1 pot de yaourt.
Vous pouvez légèrement aromatiser ce gâteau en ajoutant de l'eau de fleur d'oranger ou 1 pointe de couteau de vanille en poudre.

POUR 1 GÂTEAU

Préparation : 10 min
Cuisson : 35 min

1 yaourt
1 volume* de sucre
2 œufs
3 volumes de farine
1/2 sachet de levure chimique
1/2 volume d'huile de tournesol

MOELLEUX AU CHOCOLAT

POUR 8 À 12 PETITS GÂTEAUX

Préparation : 15 min
Cuisson : 25 à 30 min

50 g de chocolat noir à cuire
25 g de beurre
80 g de sucre
1 œuf
40 g de farine
1/4 de c. à café de levure chimique
2 c. à café de noix en poudre

1 Préchauffez le four à 180 °C.

2 Cassez le chocolat en morceaux et faites-le fondre au bain-marie avec 1 cuillerée à soupe d'eau.

3 Versez-le dans un saladier, puis incorporez successivement le beurre coupé en dés, le sucre, l'œuf, la farine, la levure et la noix en poudre sans cesser de remuer.

4 Versez dans des petits moules.

5 Enfournez pour 25 à 30 min.

6 Laissez tiédir avant de démouler.

Pour obtenir facilement de la noix en poudre, mixez des cerneaux de noix. Vous pouvez aussi faire fondre le chocolat au micro-ondes 1 ou 2 minutes avec 1 cuillerée à soupe d'eau.

MINI CAKES AUX RAISINS SECS

1 Faites macérer les raisins secs dans le jus de pomme.

2 Préchauffez le four à 150 °C.

3 Battez l'œuf en omelette, ajoutez-y le sucre, puis le beurre fondu.

4 Mélangez la levure à la farine. Incorporez celle-ci au mélange en 3 ou 4 fois pour obtenir une pâte homogène. Ajoutez les raisins macérés, puis mélangez de nouveau. Versez dans des petits moules.

5 Enfournez pour 20 min.

6 À la sortie du four, démoulez et laissez refroidir sur une grille.

Vous pouvez remplacer les raisins secs par 20 g de pépites de chocolat noir, de myrtilles séchées ou de fruits confits.

POUR 10 À 20 MINI CAKES

Préparation : 15 min
Cuisson : 20 min

20 g de raisins secs
1 c. à soupe de jus de pomme
1 œuf
50 g de sucre en poudre
50 g de beurre fondu
1 pointe de couteau de levure chimique (1/5 du sachet)
100 g de farine

PANCAKES

POUR 6 À 8 PANCAKES

Préparation : 10 min
Repos : 15 min
Cuisson : 6 à 8 min par pièce

1 œuf
10 g de sucre en poudre
80 g de farine
150 ml de lait
10 g de beurre fondu + 5 g pour beurrer
1 pointe de couteau de levure chimique ou de bicarbonate de soude

1 Battez l'œuf en omelette avec le sucre. Ajoutez-y la moitié de la farine, puis le lait et le beurre fondu. Vous devez obtenir une pâte homogène.

2 Ajoutez ensuite peu à peu le reste de la farine ainsi que la levure. Laissez reposer la pâte pendant 15 min.

3 Faites chauffer votre poêle à « pancakes », beurrez-la et versez 1/2 louche de pâte. Laissez cuire 3 ou 4 min sur chaque face. Renouvelez l'opération jusqu'à épuisement de la pâte.

4 Faites déguster tiède ou froid, accompagné de sirop d'érable, de confiture, de compote, de sucre ou de miel.

Pour faciliter la cuisson, vous pouvez aussi utiliser un appareil à mini crêpes, vous ferez ainsi 6 pancakes en même temps.

MOUSSE À L'ORANGE

POUR 2 PORTIONS

Préparation : 15 min
Cuisson : 5 min

1 œuf
1 c. à soupe de fécule de maïs
100 ml de jus d'orange pressé
15 g de sucre

1 Séparez le blanc d'œuf du jaune. Battez le blanc en neige très ferme, puis réservez au frais.

2 Délayez la fécule de maïs avec le jaune d'œuf et 2 cuillerées à soupe de jus d'orange.

3 Faites chauffer le reste du jus d'orange avec le sucre. Lorsque le jus est chaud mais pas bouillant, versez-le sur la préparation.

4 Mélangez et transvasez dans la casserole, puis faites cuire à feu doux sans cesser de remuer. Après épaississement, laissez cuire 2 min tout en remuant. Retirez du feu et laissez tiédir.

5 Incorporez délicatement le blanc d'œuf en neige.

6 Réservez au frais jusqu'à la dégustation.

Vous pouvez remplacer le jus d'orange par la même quantité de jus de citron. Mais attention, l'acidité du citron ne plaît pas à tous les enfants !

MOUSSE À LA CANNELLE

1 Mélangez les petits-suisses avec le sucre et la cannelle.

2 Montez le blanc d'œuf en neige très ferme. Incorporez-le délicatement au mélange.

3 Répartissez en deux portions et réservez au frais jusqu'à la dégustation.

Le jaune d'œuf pourra être utilisé pour dorer des gâteaux (voir les « Chaussons aux pommes », p. 168).

POUR 2 PORTIONS

Préparation : 10 min

2 petits-suisses nature (120 g)
15 g de sucre en poudre
1/2 c. à café rase de cannelle en poudre
1 blanc d'œuf

EXPRESS

MOUSSE AU CHOCOLAT NOIR

POUR 4 PORTIONS

Préparation : 15 min
Cuisson : 5 min
Repos : 3 ou 4 h

80 g de chocolat noir à cuire
2 c. à soupe de lait
2 œufs

1 Faites fondre le chocolat au bain-marie avec le lait et 1 cuillerée à soupe d'eau.

2 Séparez les blancs d'œufs des jaunes. Battez les blancs en neige très ferme et réservez au frais.

3 Incorporez rapidement les jaunes au chocolat fondu et encore chaud. Retirez du feu et incorporez délicatement les blancs d'œufs en neige.

4 Réalisez vos portions et réservez-les au frais pendant 3 ou 4 heures avant dégustation.

Cette recette peut être réalisée avec du chocolat au lait ou du chocolat blanc, selon les préférences de l'enfant.

TARTE AU FROMAGE BLANC

1 Préchauffez le four à 200-210 °C.

2 Garnissez le moule à tarte avec la pâte brisée et piquez légèrement le fond.

3 Séparez les blancs d'œufs des jaunes. Battez les blancs en neige ferme. Dans un saladier, battez les jaunes avec le sucre en poudre et le sucre vanillé jusqu'à ce que le mélange blanchisse. Ajoutez-y le fromage blanc et la crème. Incorporez délicatement les blancs d'œufs en neige.

4 Versez le tout sur la pâte brisée. Enfournez pour 30 à 35 min.

5 Servez tiède ou froid.

POUR 1 PORTION

Préparation : 15 min
Cuisson : 30 à 35 min

250 g de pâte brisée à dérouler
3 œufs
80 g de sucre en poudre
1 sachet de sucre vanillé
800 g de fromage blanc
3 c. à soupe de crème fraîche

SORBET POMME CITRONNÉE

POUR 1 PORTION

Préparation : 10 min

1 pomme
2 c. à café de jus de citron
5 g de sucre en poudre
2 ou 3 glaçons

1 Lavez, pelez et coupez la pomme en quartiers, puis éliminez le cœur.

2 Versez-y le jus de citron, puis ajoutez le sucre.

3 Dans un mixeur à glace pilée, mixez les glaçons avec 2 ou 3 impulsions, puis ajoutez les morceaux de pomme citronnée et sucrée.

4 Remixez le tout.

Vous pouvez remplacer la pomme par 1 poire.

EXPRESS

GLACE À LA FRAISE

1 Déposez les fraises dans un mixeur permettant de faire de la glace pilée. Mixez 2 min par à-coups.

2 Ajoutez le sucre et le lait.

3 Remixez jusqu'à obtenir la texture d'une glace « à l'italienne ».

Vous pouvez remplacer les fraises par 100 g de framboises surgelées.

EXPRESS

POUR 1 PORTION

Préparation : 10 min

100 g de fraises surgelées
5 g de sucre (1 c. à café)
50 ml de lait

INDEX DES RECETTES PAR ORDRE ALPHABÉTIQUE

INDEX DES RECETTES PAR ORDRE ALPHABÉTIQUE

T-V

TABLE DES ÉQUIVALENCES FRANCE-CANADA

Poids	55 g	100 g	150 g	200 g	250 g	300 g	500 g	750 g	1 kg
	2 onces	3,5 onces	5 onces	7 onces	9 onces	11 onces	18 onces	27 onces	36 onces

Ces équivalences permettent de calculer le poids à quelques grammes près (en réalité, 1 once = 28 g).

Capacités	5 cl	10 cl	15 cl	20 cl	25 cl	50 cl	75 cl
	2 onces	3,5 onces	5 onces	7 onces	9 onces	17 onces	26 onces

Pour faciliter la mesure des capacités, une tasse équivaut ici à 25 cl (en réalité, 1 tasse = 8 onces = 23 cl).

Crédits photographiques
© Larousse / Emanuela Cino (p. 133) ; Guillaume Czerw (p. 55) ; Sophie Dumont (p. 113, 119, 141, 169) ; Amandine Honegger (p. 19, 31, 35, 41, 45, 63, 83, 89, 97, 103, 107, 147, 175) ; Claire Louiset (p. 155, 161, 181).
© Shutterstock / Ina Rostokina (p. 69) ; Pamuk (p. 25).

Direction de la publication : Isabelle Jeuge-Maynart et Ghislaine Stora
Direction éditoriale : Émilie Franc et Julie Martin
Direction artistique : Géraldine Lamy
Édition : Flore Beaugendre ; Marion Dellapina, assistée de Laure Grignon pour la présente édition
Informatique éditoriale : Philippe Cazabet
Mise en pages : Les PAOistes
Couverture : Nine Clot
Fabrication : Émilie Latour

ISBN : 978-2-03-604119-6

Imprimé en Roumanie par ROTOLITO ROMANIA S.A.
332085/01 - 11051303 - octobre 2022
Dépôt légal : janvier 2023